자기의심을 극복하기 위한
내가 누구인지 이제 알았습니다

죠이선교회는 예수님을 첫째로(Jesus First)
이웃을 둘째로(Others Second)
나 자신을 마지막으로(You Third) 둘 때
참 기쁨(JOY)이 있다는 죠이정신(JOY Spirit)을 토대로
하나님 나라의 확장을 위해 지역교회와 협력, 보완하는
선교단체로서 지상명령을 성취한다는 사명으로 일합니다.

죠이선교회출판부는 죠이선교회 사역의 하나로
성경 공부, 제자 훈련, 전도, 해외 선교, 교회 학교에 관한
좋은 책과 전도지를 발간하여 한국 교회를 섬깁니다.

Used by permission © 2005 JOY MISSION
Jekee 2 dong 274-6, Dongdaemoon ku, Seoul 130-861, KOREA

Copyright © 2004 by Dr. Neil T. Anderson
Originally published in English under the title:
Overcoming Doubt
Published by Regal Books
A Division of Gospel Light Publications, Inc.
Ventura, California 93006, U.S.A.
All rights reserved.

OVERCOMING DOUBT

Dr. Neil T. Anderson

**From Gospel Light
Ventura, California, U.S.A.**

추천의 글

정동섭 교수 / 가족관계연구소장, 전 침신대 기독교상담학과장

21세기를 행복의 세기라고 한다. 새천년을 맞이하면서 세상은 점점 더 불확실해지고 있으며 불안과 우울감은 더해가고 있다. 우울증이 보편화되면서 자살하는 사람이 날로 증가하고 있다. 행복해야 할 결혼이 이혼으로 끝나는 사례가 증가하고 있다.

하나님께서는 우리의 행복을 위하여 성경을 선물로 주셨다(신 10:13). 사람들은 누구나 행복을 갈망한다. 기쁨과 평안과 감사로 가득한 행복을 누리기 원하는 것은 우리 모두의 염원이 아닐 수 없다. 그런데 우리의 자족하는 마음을 불만과 불평으로 가득하게 하는 것은 무엇인가?

심리학자들의 한결같은 진단은, 우리의 일상생활에서 갖게 되는 불평들이 모두 우리의 자아상self-image과 관계되어 있다는 것이다. 자아상이 건강할 때, 즉 자존감이 높을 때 우리의 대인관계가 원만하고 우리의 생활의 질도 높아지는 것이다.

나는 누구인가? 나는 얼마나 소중한 사람인가? 나는 무엇을 할 수 있는가? 우리의 자아상은 우리와 하나님과의 관계는 물론, 배우자와 자녀, 그리고 대인관계 전반에 지대한 영향을 미친다. 성경

적 자아상을 회복하면 결혼생활을 비롯한 생활의 모든 영역이 풍성해진다.

관계전문가 레스 패로트Les Parrott는 말한다. "자아정체감이 확립되지 않은 상태에서 다른 사람과 친밀한 관계를 시도해 보았자, 그 대인관계는 자신의 자아를 완성하려는 부질없는 노력으로 시종일관하게 된다. 나는 누구인가에 대한 확고한 자아상을 정립하는 것이야말로 변치 않는 우정과 인생의 반려자를 발견하기 위한 가장 기초적인 작업이다."

이번에 죠이선교회에서 출간하는 닐 앤더슨의 책들은 우리 모두의 관심사라 할 수 있는 자아상의 문제와 자기의심(확신이 없는 삶), 우울증 그리고 중독행동이라는 주제를 다루고 있다.

닐 앤더슨은 《내가 누구인지 이제 알았습니다》, 《이제 자유입니다》 등의 베스트셀러를 통해서 우리나라에 잘 알려진 크리스천 심리학자이다. 그는 그리스도 안에서의 정체성을 확인하는 것이 모든 것의 기초가 된다는 진리를 누구나 이해할 수 있는 문장으로 나누는 실천신학자로 유명하다. 내가 누구인지를 아는 것이 우리의 생각과 감정과 행동에 그대로 영향을 미치기 때문이다.

자아개념과 자아정체감, 자아상 그리고 자아존중감은 정신건강의 가늠자가 된다. 그리스도 안에서 나 자신을 사랑하지 않고는 다른 사람을 사랑할 수 없다. 분명한 자아정체감과 확고한 자존감은 정신건강의 필수요소이며 행복하고 풍성한 삶을 누리는 데 없어서는 안 될 필수요인이다.

행복한 사람은 자존감이 높은 사람 즉 자신을 사랑하는 사람이며, 외향적이고 사교적인 사람이며, 낙천적이고 긍정적인 사람이며, 자신이 처해 있는 상황을 변화시킬 수 있다는 자기효능감을 지닌 사람이라는 것이 행복학science of happiness을 연구하는 긍정심리학자들positive psychologists의 일관된 주장이다.

당신은 얼마나 행복한 사람인가? 행복한 삶을 누리기를 원하는가? 사람은 책을 만들고 책은 사람을 만든다는 말이 있다. 이 책에는 저자의 인격과 사상이 담겨 있다. 세계적인 상담자에게 개인 상담을 받는 심정으로 인격감각을 가지고 이 책을 읽어보기 바란다. 어느새 마음을 새롭게 함으로 변화되어가는 자신을 발견하게 될 것이다.

좋은 책을 권하는 권서인으로 이름이 나 있는 정진환 목사님께서 이 정신건강 시리즈를 우리말로 옮겨주셨다. 문장 하나하나에 그의 장인정신이 배어 있다. 정진환 목사님은 찰스 스윈돌Charles R. Swindoll의 《은혜의 각성Grace Awakening》(죠이선교회 역간)을 수려한 문체로 번역하여 많은 독자들에게 감동을 선물했는데, 이번에도 세심한 번역으로 독자를 섬겨주셨다. 독자를 대신하여 고마움을 표하고 싶다.

이 책을 통해 치유와 회복, 그리고 성숙의 변화를 경험하기를 바라며, 기쁨으로 이 책을 추천한다.

추천의 글

김형준 목사 / 동안교회 담임목사, 크리스찬 치유상담연구원 전임교수

《내가 누구인지 이제 알았습니다 시리즈》의 기초가 되는 닐 앤더슨 박사의 《내가 누구인지 이제 알았습니다Victory over the Darkness》를 소개 받은 것은 미국에서 공부할 때였다. "목회상담과 영성"이란 수업에서 토론을 하던 중 치유와 영적 성장에 관심이 많다는 어느 미국인 학생이 자신이 목회하는 현장에서 닐 앤더슨 박사의 이 책과 또 다른 한 책 《이제 자유입니다The Bondage Breaker》가 치유를 경험하는 데 큰 도움이 되었노라고 소개한 것이다.

미국에서 목회와 상담을 하면서, 상담이 필요한 사람들, 심하게는 정신과 치료가 필요한 사람들에게는 공통적으로 크게 두 가지 문제점이 있다는 사실을 발견했다. 첫째로 그들에게는 하나님의 모습이 왜곡되어 있었다. 성경말씀에 기초한 하나님이 아니라 자기가 만든 하나님을 진리로 잘못 받아들여 하나님을 두려워하거나 하나님께 분노하고 있었다. 또 다른 문제는 자기 정체성의 혼란이었다. 자신이 누구인지, 어떤 존재인지, 그리고 그리스도인이라는 것의 의미가 무엇인지에 대한 혼란이었다. 이러한 정체성의 혼란은 인지와 정서 그리고 행동에 영향을 끼쳐 영적인 혼란이나 심리

장애를 일으키는 결과를 낳았다.

당시 상담자로서 내 고민은, 성경에서 얻은 영적 통찰을 심리학적으로 연결 지을 방법은 없는지, 그래서 단순한 증상의 치유를 넘어 영적인 성장까지 꾀할 수는 없는지 하는 것이었다. 한 가지 더, 치유 과정 중에 어둠의 영들과 대적이 불가피해질 때 어떻게 해야 하는가 역시 고민이었다. 이렇게 목회와 상담 경험을 통해 발견하게 된 문제점과 내 개인적인 고민을 해결하는 데 닐 앤더슨의 책은 큰 도움이 되었다.

본서는 부정적 자아상과 중독행동 그리고 자기의심과 우울증 및 좌절 등의 원인이 바로, 우리가 그리스도인으로서 누구이며 이 사실이 의미하는 바가 무엇인지를 충분히 이해하지 못하고 있기 때문이라고 설명한다. 따라서 본서를 읽다보면 정신적, 영적 건강과 자유는 하나님에 대한 바른 이해와 하나님과의 바른 관계를 전제로 한다는 것, 올바른 신학은 올바른 심리학에 있어 필수불가결한 요소라는 것을 알게 된다.

예수님의 자녀가 된 것, 그분을 따르고 그분 안에서 안식을 누리는 것이 갖는 의미를 충분히 이해하고 있다면 우리 생활은 확연히 달라질 수밖에 없다. 다시 말해 진정한 앎은 그리스도인의 삶에 눈에 띄는 변화를 가져온다는 말이다. 본서는 예수님을 믿음으로써 달라진 점이 구체적으로 나타나지 않는다면, 믿음의 시작점으로 돌아가 하나님의 자녀 됨의 의미를 충분히 이해하고 있는지 재점검하라고 권한다. 또한, 그리스도인이라도 자신을 있는 그대로 받아들이지 못하고 낮은 자존감, 중독, 자기의심, 우울증으로 씨름하는 사람들에게 '하나님의 자녀 됨'에 관한 올바른 지식을 주어 그리스도 안에서 참 자유를 누리기까지 이르도록 많은 통찰을 제공해준다.

《부정적인 자아상 극복하기》, 《중독행동 극복하기》, 《자기의심 극복하기》, 《우울증 극복하기》의 네 권은 기독교상담학의 고전 《내가 누구인지 이제 알았습니다》의 심화, 특화본이라고 할 만큼, 원래의 기본내용에 충실하면서 각각의 주제에 맞춰 작은 책으로 새롭게 엮은 것이다. 이전에 《내가 누구인지 이제 알았습니다》를 읽어본 독자라면 좀더 세분화된 관점에 따라 제시된 깊이 있는 메시지를 접하는 기쁨을 맛보게 될 것이다. 이 책을 처음 접하는 독자라면 자신의 상황과 좀더 가까운 주제를 택해서 읽어나가는 맞춤 읽기가 가능할 것이다. 무엇보다 이 책을 읽어나가다 보면, 하나님 말씀에 관한 지식, 그리스도 안에서 자신의 신분에 대한 이해, 그리고 삶에서 성령의 임재하심의 결과가 바로 영적 성숙임을 자연스레 이해하게 될 것이다. 그러한 영적 성숙이 이 책을 읽는 모든 독자들 삶에 이루어지기를 축복한다.

차 례

추천의 글　_4

들어가는 말　_13

1장_의심의 본질 The Nature of Doubt　_23

2장_믿음의 본질 The Nature of Faith　_43

3장_합리적인 믿음 Reasonable Faith　_59

4장_확실성과 불확실성 Certainties and Uncertainties　_81

5장_올바른 길 On the Right Path　_103

6장_의심과 정신건강 Doubt and Mental Health　_123

7장_모든 생각을 사로잡아 그리스도께로 Taking Every Thought Captive　_141

에필로그　_159

주　_163

들어가는 말

정오가 되기 직전, 전화벨이 울렸다. 어느 교회에서 나를 담임목사로 청빙한다는 제의였다. 나는 이 초청에 응하여, 시무하고 있던 대형교회를 떠나기로 했다. 당시 나는 처음에 맡았던 대학부 사역뿐 아니라 청소년 사역과 나중에는 장년부 교육사역까지 담당하게 되어 정신없이 사역하고 있었는데 이제 이 박진감 넘치는 사역들을 내려놓고, 제칠일안식교회의 건물을 빌려 모이는 개척교회의 담임목사로 가게 된 것이다.

6년 전 이 교회를 개척한 목사님은 4년째 되던 해 교회를 떠났고, 남겨진 양떼는 목자 없이 2년을 지내왔다. 교인들은 교회 건물을 건축하려고 주택가의 이리저리 조각난 땅을 사서 부지를 확보하는 중이었다. 아무도 이 땅에 큰 기대를 거는 것 같지는 않았으나, 당시 이 남부 캘리포니아 해안 지역의 땅값은 상승세를 타고 있었다. 나도 그런 곳에 무슨 건물을 지을 수 있을지 의심스러웠다.

이 교회에 부임하고 6개월이 지난 후에, 나는 인간의 노력이나 재주로는 설명할 수 없는 어떤 일을 하나님이 행하시리라는 생각이 들었다. 그리고 나는 이런 생각을 교인들과도 나누었다. 물론 그들은 반신반의했다.

어떤 소식

사무실에서 주일 설교를 준비하고 있는데, 비서가 들어와 부동산 중개업자가 나를 만나러 왔다고 전했다. 그는 어떤 건설회사의 대리인 자격으로 건축 부지를 물색 중이라고 했다. 그는 수소문 끝에 우리를 찾았고, 우리의 조각난 땅을 팔 의향이 있냐고 물었다. 그들은 그곳에 새로운 주택단지를 조성할 계획이었다.

우리는 다른 마땅한 장소를 찾을 수 없는 형편이었으므로, 그에게 땅을 팔 생각이 없다고 대답했다. 그는 우리가 꼭 그 땅에 교회를 지어야 하는지, 아니면 다른 곳도 괜찮은지를 물어보았다. 내가 교회를 대신하여 대답을 해야 하므로 좀 불편한 처지였으나 사실 나는 그 부지도, 부지가 위치한 장소도 마음에 들지 않았다. 우리는 좀더 이야기를 나누고 헤어졌는데, 그는 우리가 더 나은 곳을 찾으면 그 땅을 팔 수도 있다는 인상을 갖고 떠난 것 같았다.

일주일 후에 그는 더 좋은 장소에 있는 더 큰 땅을 찾았다며, 우리 교회에 알맞을 것이니 보여주겠다고 했다. 놀랍게도 그가 보여준 땅은 6천 평 정도의 반듯한 부지로 우리 사역의 중심지에 위치하고 있었다. 나는 땅값을 물어보기가 조심스러웠다. 그런데 그 사람은 이 땅이 소송 중에 있기 때문에 그리 비싸지 않을 것이라고 말했다. 은행이 이 땅을 압류하여 10년을 소유하고 세금을 내는 중이었다. 나는 그에게 땅값을 중재해 달라고 부탁했다. 이제는 교회에 알려야 할 때였다.

당회는 그런 좋은 땅이 아직도 남아 있다는 사실에 나와 마찬가지로 놀라움을 금치 못했다. 우리는 공동의회를 열고 그 땅을 사되 50만 달러를 넘기지는 않기로 했다. 우리가 가지고 있던 땅은 1978년 당시 중산층과 중상류층이 사는 해안의 주택가에 위치해 있었으나, 이 땅을 처분한다고 해도 그런 낮은 가격에 새 부지를 살 수 있을지 우리는 모두 의심하고 있었다. 은행과 협상을 시작하면서 우리는 1차로 그 땅을 40만 달러에 사겠다고 제안했다. 한편 놀랍게도 건설회사 측에서는 우리 땅을 32만 5천 달러에 사겠다는 제안을 내놓았다. 그러니까 겨우 7만 5천 달러만 더 들이면 훨씬 더 좋은 장소에, 두 배나 되는 크기의 교회 부지를 확보하게 되는 것이었다.

금요일 아침, 은행에서 우리 제안을 거절했다는 소식을 들었다. 나는 은행으로 달려가서 제안서를 찾아오면서 혹시 담당자를 좀 만날 수 있냐고 물었다. 그는 자리에 있었고 나를 사무실로 맞아들였다. 나는 잠시 기도하고 이렇게 말을 꺼냈다. "우리 교회는 한 푼 한 푼을 아껴 쓰는 단체입니다. 하지만 제 권한으로 42만 5천 달러를 제안합니다. 지금 제가 쓸데없이 시간을 낭비하는 건가요?" 그는 내게 말하기를, 이번 일은 세 사람의 부사장이 동의해야 하는데 자기는 그 중의 한 사람이라는 것이었다. 그리고 또 한 사람이 지금 은행에 있으니, 잠깐 상의하고 오겠다며 자리를 떴다. 5분도 채 안되어, 그는 42만 5천 달러로 고친 새 계약서에 서명을 해서 돌아왔다. 나는 흥분했고 교회도 흥분했다. 몇 주 전만 해도 상상도 할 수 없었던 부지를 우리는 10만 달러를 주고 갖게 된 것이다.

나쁜 소식

이번 계약이 모두 성사되기를 기다리면서 우리는 건축위원회를 조직하고 하나님이 주신 이 땅을 어떻게 할 것인지 계획을 세우기 시작했다. 그런데 우리가 이전의 땅을 다 정리하고 넘겨주기 며칠 전에 그 부동산 중개업자가 우리를 찾아와 아주 나쁜 소식을 전했다. 자신이 대리 자격으로 이번 일을 추진하는 그 건설회사가 계약을 취소하겠다는 것이었다. 나는 "이런 일이 가능합니까?"라고 물었다. 그는 법적으로 가능하다고 하면서 정말 미안하다고 했다. "저는 이 회사의 대리인으로 25년을 일하고 있지만 이런 경우는 처음입니다. 아마 사장님 집안에 사정이 있는 것 같습니다. 그 따님이 근육경화증으로 고생하고 있는데, 남편이 떠난 후로 계속 친정에 살고 있답니다."

내가 주일날 당회에서 이 소식을 전하자 모두들 당황스러워했다. 일부는 소송을 제기하자고 했는데, 나는 이런 분들에게 깊이 실망했다. 그리고 나는 소송 같은 일에는 관여하지 않겠다고 했다. 우리 사역은 상처 난 사람을 돕는 것이지, 사람들을 고소하는 것은 아니기 때문이다! 다음 화요일, 나는 일정대로 '방문 전도'에 관한 강의를 하고 나서, 하나님이 그 회사 사장을 방문하도록 인도하신다고 느꼈다. 물론 나는 그를 만난 일이 없었지만, 놀랍게도 그의 전화번호와 주소는 전화번호부에서 쉽게 찾을 수 있었다.

나는 그 주소로 차를 몰았다. 모두들 담장을 높이 올리고 대문을 굳게 걸어 잠근 이런 고급 주택가에서 과연 그를 만날 수나 있을지 의구심을 떨칠 수가 없었다. 그러나 놀랍게도 그의 집 대문은 닫혀 있지 않았다! 그의 저택은 너무나 커서 현관이 어디인지도 알 수 없었다. 이리저리 헤매고 있는데 일하는 아가씨가 열린 부엌 창문으로 나를 보고는 무슨 일이냐고 물었다. 그는 내게 현관으로 오라고 했지만 나는 현관이 어디인지 되물어야 했다! 겨우 찾아서 사장을 만나러 왔다고 말했지만 마침 그는 집에 없고 부인과 딸만 있었다. 나는 커다란 안방에서 그들을 만났는데 딸은 몹시 쇠약해 보였다.

내 소개를 하고 그 부인에게 말했다. "저는 바깥 분을 뵌 적은 없습니다만, 얼마 전에 무슨 계약했던 일이 취소되었습니다. 아마 상심한 일이 있으신 것 같은데, 혹시 제가 뭐 도울 일은 없을까 해서 들렀습니다." 그들과 이야기를 하는 중에 나는 그들 모녀가 이단 종파에 다닌다는 사실, 그러나 찰스 콜슨Charles Colson의 책 《백악관에서 감옥까지Born Again》(홍성사 역간)를 읽고 있다는 것을 알게 되었다. 그리고 한 시간 후에 나는 그 모녀를 그리스도께 인도하는 특권을 가졌다.

내가 몰고 다니는 교회 차는 허름했지만, 나는 산 중턱의 그 주택가를 훌쩍 날아갈 듯이 달려 사무실로 돌아왔다. 다음날 그 부동산 중개업자가 내게 전화를 걸었다. "어제 무슨 일을 하셨는지 모르겠지만, 다시 계약이 추진된다고 하네요. 그런데 이번에는 가격

이 30만 달러로 내려갔습니다." 물론 우리는 이 가격도 좋다고 생각하며 기쁘게 받아들였다.

시험

그것은 시험이었다. 하나님은 그 땅을 우리에게 주기를 원하셨지만, 동시에 그 땅으로 우리가 무엇을 할 것인지 알기를 원하셨다. 그 부지를 중심으로 반경 네 블록 안에 8천 명의 주민이 살고 있었고, 하나님은 우리가 그 잃어버린 자들의 등대가 되기를 원하셨다.

나는 또 다른 부동산 전문가를 만나 점심을 같이하게 되었는데, 그는 그 도시의 시장으로 세 번째 임기를 맡고 있었다. 나는 그 땅에 교회 건축 허가를 받을 수 있느냐고 물어보았다. 그는 내게, 이 땅은 10년째 소송 중에 있는 4개 구획의 토지 중 한 필지라고 했다. 큰 건설회사가 이 부지에 서민 주택을 지으려고 신청을 했는데, 시 당국이 얼른 구획 정리를 하여 이 계획을 막았다는 것이다. 이후 10년이 넘도록 쌍방이 모두 움직이지 않아 공터로 남아 있었던 것이라고 했다. 그는 그 부지에 건축 허가를 받기는 어려우니 처분하는 것이 좋을 것이라고 조언했다. 이 땅을 하나님이 주셨다고 믿고 있는 나에게 그의 조언은 청천벽력과도 같았다.

바로 이런 즈음에 나는 사무실에서 또 다른 전화를 받았다. 이번에는 큰 건설회사의 변호사였다. 그 회사는 시 당국이 콘도를 짓도록 허락한다면 소송을 취하하겠다는 협상을 진행하고 있었다. 이 회사는 나머지 3개 구획을 소유하고 있었고, 우리 땅도 마저 사기를 원했는데, 우리는 팔 생각이 없다고 했다. 그들은 75만 달러를 주겠다고 했고, 나는 건물을 짓겠다는 생각이 과연 하나님의 인도일까 의구심이 들기 시작했다.

그 건설회사는 계획서를 작성하여 도시계획위원회에 제출했고, 우리 교회의 담당자들도 깊은 관심을 갖고 모든 과정을 지켜보며 참여했다. 구획을 어떻게 정리하느냐는 주택가와 상가 지역이 어떻게 연결되는지를 결정하는 예민한 문제였다. 어느 날 회의에서 한 의원이 우리가 가진 땅 6천 평과 건설회사 소유의 땅 6천 평을 맞바꾸면 훨씬 더 쉬워질 것이라고 지적했다. 결국 그 건설회사가 우리의 땅을 갖는 대신 자기네 땅을 깨끗이 치워주는 것은 물론, 낮은 곳을 메울 흙과 현금 20만 달러를 주기로 했다. 우리 교회의 설계를 맡은 사람이 새 땅의 위치가 더 좋다고 해서 우리도 그들의 제안에 동의했다.

우리는 기쁘게 건축을 시작했다. 빚은 한 푼도 없었고, 부지는 깨끗이 정리되어 넘어왔으며, 게다가 7만 5천 달러의 현찰까지 손에 쥐고 있었다. 건축이 중간쯤 진행되었을 때, 우리 교회의 건축업자가 이런 이야기를 들려주었다. 지난 주말 친구와 골프를 치는데, 그 친구가 자기에게 요새 무슨 일을 하느냐고 묻더라는 것이다. 그래서 "요즘 교회 하나를 짓고 있지" 하면서 그 위치를 알려주었더니 그 친구가 이렇게 말했다고 한다. "자네가 믿을지 모르겠는데, 2년 전에 그 교회 목사님이 그 땅(원래의 땅)을 42만 5천 달러에 계약해 버렸다네. 그런데 바로 그날 오후에, 내가 60만 달러에 입찰 의향서를 제출했었지."

진실

앞의 이야기를 읽으면서 어떤 생각이 들었는가? 이런 일이 정말로 일어났다는 것을 믿는가 아니면 믿을 수 없다고 생각하는가? [물론 정말로 일어났다.] 이 이야기를 그대로 믿고 하나님이 여전히 그분의 교회를 짓고 계신다는 사실에 힘을 얻고 감사하는가? 아니면 이런 일은 다른 사람에게나 일어나는 일이지, 내게는 일어나지 않는다고 생각하는가?

우리는 왜 하나님을 의심하는가? 하나님은 당신의 교회를 직접 세우겠다고 말씀하셨고, 지옥의 권세가 이를 막지 못한다고 하셨다(마 16:18을 보라). 그분은 우리의 모든 필요를 채운다고도 하셨다(빌 4:19을 보라). 만약 하나님이 진리시고 그래서 거짓말을 할 수 없으시다면, 왜 하나님을 의심하는가?

부지를 구입하고 교회를 건축하게 된 나의 이 경험은, 성경말씀이 진리고 하나님은 우리를 사랑하시며 우리는 전적으로 그를 의지할 수 있다는 사실을 확인시켜 준 수백 가지 경험 가운데 하나일 뿐이다. 나는 하나님께서 사람들의 상처를 싸매시고, 갇힌 자를 자유롭게 하시는 것을 수없이 목격했다. 항공 엔지니어라는 이력과 5개 학위를 갖고 있는 나는 성경에서 어떠한 논리적인 결함도 찾을 수 없다. 이 놀라운 책은 하나님이 1,500년에 걸쳐 당신의 선지자들에게 영감을 주어 기록하게 하신 하나님의 말씀이다. 수천 년을 보존되어온 하나님의 말씀이 얼마나 정확한지는 사해 사본이 증명해 준다. 이 놀랄 만한 발견은 우리에게 주전 1년 혹은 주전

200년까지도 거슬러 올라가는 필사본을 안겨주었다. 내가 예루살렘의 박물관을 방문하여 이사야서 전체가 하나의 두루마리에 완전히 보존된 것을 보았을 때, 이사야서는 원래 서로 다른 두세 사람에 의해 기록된 둘 혹은 세 권의 책이라고 '확신'하는 모든 자유주의자들을 이 두루마리가 꾸짖고 있다는 느낌이 들었다.

중요한 질문

의심하는 것이 잘못일까? 만일 그렇다면 우리는 모두 이런저런 의심을 해본 적이 있으니 모두 잘못일 것이다. 의심은 우리의 신앙 여정 가운데 일부이며, 모든 그리스도인의 경험에서 어떤 역할을 감당한다. 이 책에서 나는 의심의 본질이 무엇인지 살펴보고, 이것이 불신과 어떻게 다른지를 밝히려고 한다. 하지만 이 책은 기본적으로 믿음에 관한 책이기 때문에, 믿음의 본질이 무엇이며 어떻게 하면 날마다 믿음으로 살 수 있는지에 대해서도 설명할 것이다. 본질적인 질문은 '우리가 무엇/누구를 믿느냐'이다. 매일의 삶에서 우리의 믿음이 어떻게 역사하는지, 우리 믿음의 행보가 하나님의 말씀에 일치하는지를 어떻게 알 수 있는지 알아보려고 한다. 나는 또한 의심과 정신 건강의 문제를 다룰 것이다. 마지막으로는 의심의 영적인 의미를 밝혀내고, 우리의 믿음을 파괴하려 드는 우리 안의 영적 전투를 폭로하고자 한다.

믿음과 관련하여 우리 모두가 경험하게 되는 긴장을 잘 드러내는 예화가 있다. 황량한 사막을 6일간 걸어서 건넌 피스톨 피트

Pistol Pete라는 사람의 이야기다. 그는 사막 중간 즈음에 물이 있다는 신뢰할 만한 정보를 듣고 자신과 말이 사흘간 먹을 물만 가지고 길을 떠났다. 그는 물론 그 장소에서 우물을 발견했지만 펌프에서는 모래만 올라왔다.

그런데 가만 보니 이런 팻말이 붙어 있었다. "북쪽으로 1미터 지점, 땅 속 1미터 깊이에 물 한 통이 묻혀 있습니다. 그 물을 펌프에 부어 물을 퍼 올리고, 반드시 물을 채워 다음 사람을 위해 그 자리에 묻어주십시오."

이 팻말의 내용을 믿겠는가? 그리고, 그 물 한 통을 찾았다면 그것으로 펌프의 물을 끌어 올리겠는가, 아니면 그 물을 말과 함께 나누어 마시며 남은 길을 가겠는가? 하나님의 말씀을 신뢰하며, 장래에 상 주시리라는 약속을 믿고 영원을 위해 살아갈 것인가? 아니면 하나님의 존재를 의심하며, 이 세상의 헛된 즐거움을 추구하며 살아갈 것인가? 그것은 우리의 선택이다.

01 의 심 의 본 질

| The Nature of Doubt |

> 그대가 확신하는 것은 무엇이든지 내게도 나누어주시오. 그러나 그대가 의심하는 것은 그대만 간직하시오. 의심은 내 것만으로도 족하다오.
>
> 요한 볼프강 폰 괴테

주님께서 자신의 사자(使者)이며 친구인 세례 요한이 목이 베여 죽었다는 소식을 들으셨다. 이 소식에 예수님은 잠시 광야로 나가 혼자만의 시간을 가지려 하셨다. 그러나 예수님의 소식은 금세 퍼져 나갔고, 큰 무리가 걸어서 그에게 나아왔다. 예수님은 자신의 필요를 내려놓고, 무리를 민망히 여겨 많은 사람을 고치셨다.

저녁때가 되고 무리는 5천 명으로 불어났는데, 그들이 먹을 것이 없어서 제자들은 근심했다. 제자들은 예수님께 무리를 돌려보내시라고 말씀드렸다. 그랬더니 예수님은 "갈 것 없다 너희가 먹을 것을 주어라"(마 14:16) 하고 말씀하셨다. 어떻게 이들이 가진 얼마 안 되는 것으로 5천 명을 먹일 수 있단 말인가? 이런 불가능해 보이는 과제를 떠맡게 될 때 우리의 전형적인 반응은 무엇인가? 그것을 감당할 만한 자원이 내게 없다고 생각되면 우리의 의심은 즉시 불신으로 바뀐다. 그러나 우리 삶에 그리스도의 임재 말고는, 우리에게는 하나님의 뜻을 행할 자원이 없다는 것이 진리다. 그리스도인의 의무라고 생각되는 일들을 우리의 힘과 자원으로 어떻게 해볼 수는 있겠지만, 이런 방법으로 해내는 일들은 어느 것 하나도 영원히 지속되지 못한다.

어떤 과제에 직면했을 때 우리가 가진 자원만을 생각하는 것이 인간의 본성이다. 우리가 할 수 있는 일이라면 우리는 별 의심을 하지 않는다. 제자들은 자신들이 가진 자원을 알아보고, 보리떡 다섯 개와 물고기 두 마리가 있을 뿐이라고 보고했다(마 14:17을 보라).

"무리를 명하여 잔디 위에 앉히시고 떡 다섯 개와 물고기 두 마리를 가지사 하늘을 우러러 축사하시고 떡을 떼어 제자들에게 주시매 제자들이 무리에게 주니"(마 14:19). 그래서 5천 명이 먹었고, 먹고 남은 것을 광주리에 걷기까지 했다. 제자마다 한 광주리씩 걷었다. 얼마나 확실한 교훈인가! 그들은 정말 교훈을 얻었는가? 이제 제자들의 모든 의심은 말끔히 사라졌는가?

무리를 돌려보내시고 예수님은 제자들도 갈릴리 호수 건너편으로 보내신 후, 혼자 기도하러 산으로 가셨다(마 14:23을 보라). 그날 밤에 제자들은 거센 풍랑을 헤치며 노를 저었으나 조금도 앞으로 나아가지 못하고 있었다. 그 때 예수님은 물 위를 걸어 제자들에게 다가오셨는데, 마가는 이것을 다음과 같이 기록하고 있다. "바다

위로 걸어서 저희에게 오사 지나가려고 하시매"(6:48). 예수님은 제 힘으로 해보려고 애쓰는 자들을 지나가려고 하셨다. 우리도 삶의 풍랑을 헤쳐가면서, 우리 자신의 힘과 자원으로 살아남기를 바라는가? 물론 우리는 앞으로 나아갈 수 있다. 하나님은 우리가 하는 대로 놔두실 것이기 때문이다. 우리는 팔이 떨어져라 노를 저을 수도 있지만, 결국 풍랑은 우리를 침몰시킬 것이다. 아니면 소리쳐 주님의 이름을 부르고 구원을 받을 수도 있다. 제자들은 주님을 소리쳐 불렀고 파도는 잠잠해졌다. 마가는 이렇게 기록했다.

이는 저희가 그 떡 떼시던 일을 깨닫지 못하고 도리어 그 마음이 둔하여졌음이러라(6:52).

왜 우리는 의심할까

물 위를 걸어오는 예수님을 보고, 처음에 제자들은 유령인 줄 알고 두려워했다. 그 때 예수님은 "안심하라 내니 두려워 말라"(마 14:27)고 하셨다. 충동적인 베드로는 너무 기쁘고 흥분한 나머지 자신도 물 위를 걸어 예수님께 갈 수 있게 해달라고 부탁했다. 예수님은 "오라"(마 14:29)고 하셨고 베드로는 물 위를 걸었다. 아마 몇 걸음쯤은 걸었을 텐데, 베드로가 예수님에게서 눈을 돌리자 바람이 부는 것이 느껴졌다. 그러고는 물 속으로 빠져들기 시작했고, 예수님께 구원해 달라고 소리쳤다. 예수님은 손을 내밀어 건져주시며 "믿음이 적은 자여 왜 의심하였느냐"(마 14:31)고 말씀하셨다. 왜 베드로는 의심했을까? 왜 우리는 의심할까?

  이 사건은 이런 관점에서 해석될 수 있다. 열두 제자는 예수님이 병자들을 고치시고 5천 명을 먹이시며 풍랑까지 잔잔케 하신 것을 직접 목격했다. 예수님은 마귀, 질병, 죽음, 그리고 자연을 능가하는 권위를 나타내셨지만 제자들은 여전히 의심하고 있었다. 부활하신 예수님이 많은 사람들 앞에 나타나셨을 때, 그들 중 대부분은 "예수를 뵈옵고 경배하나 오히려 의심하는 자도" 있었다(마 28:17). 심지어 세례 요한도 의심하며 고민하다가 자신의 제자 둘을 예수님께 보내어 "오실 그이가 당신이오니이까 우리가 다른 이를 기다리오리이까"(눅 7:19)라고 물었다. 이 질문에 예수님은 이렇게 대답하셨다.

> 너희가 가서 보고 들은 것을 요한에게 고하되 소경이 보며 앉은뱅이가 걸으며 문둥이가 깨끗함을 받으며 귀머거리가 들으며 죽은 자가 살아나며 가난한 자에게 복음이 전파된다 하라(22절).

  이런 기적들을 직접 눈으로 보지 못한 오늘날 우리가 의심하는 것은 어쩌면 당연한 일인지도 모른다. 그러나 의심하는 도마에게 예수님은 이렇게 말씀하셨다. "너는 나를 본 고로 믿느냐 보지 못하고 믿는 자들은 복되도다"(요 20:29). 오늘날 우리에게 전해진 내용은, 직접 보고 듣고 만지고 하나님의 사랑으로 변화를 받은 믿을 만한 사람들의 간증이다. 우리는 또한 2천 년이 넘도록 많은 신자들이 경험한 간증을 가지고 있으며, 우리를 진리 가운데로 인도하시는 성령의 내적 증거도 갖고 있다(요 16:13을 보라).

의심이란 무엇인가

의심이란 어떤 의견에 동의하지도 않고 반대하지도 않는 것이라고 정의할 수 있다. 믿겠다는 의지도 안 믿겠다는 의지도 없는 상태이다. 예를 들면 다른 제자들이 부활하신 예수님을 보았다고 했을 때, 도마는 보지 못한 상태였다. 그러므로 도마는 "내가 그 손의 못 자국을 보며 내 손가락을 그 못 자국에 넣으며 내 손을 그 옆구리에 넣어보지 않고는 믿지 아니하겠노라"(요 20:25)고 말했다. 도마가 이렇게 말했을 때, 그는 의심하고 있던 것이 아니었다. 그는 이미 마음에 "나는 그 말을 믿을 수가 없어"라고 결정한 상태였다. 동료들의 말은 그의 마음을 움직일 수 없었다. 도마는 확실한 물리적 증거를 원했다.

긍정과 부정의 증거가 비슷하게 균형을 이룰 때 의심이 생긴다. 의심은 불신의 징조일 수도 있고 믿음의 전주곡일 수도 있다. 믿음의 여정은 의심으로 시작되는데, 이런 의심을 불신이라고 할 수는 없다. 불신이란 어떤 사람이나 어떤 것에 대한 부정적인 확신인데, 이것도 그 자체로 하나의 믿음이라고 볼 수 있다. "나는 하나님을 안 믿어"라는 말은 하나님이 없다는 확신인데, 이 자체도 믿음이다. 그러므로 의심이 곧 불신이라는 의미는 아니다. 의심은 단지 확신하지 못한다는 뜻이다.

예수님은 언제 어디서나 항상 불신을 책망하셨다. 그러나 의심에 대해서는 관대하셨는데, 이는 아직 확정되지 않고 변해가는 마음의 상태였기 때문이다. 그러나 성경에서 '불신'이란 단어가 의심을 뜻하는 경우도 있기 때문에 우리는 이 점에 주의해야 한다. 아마 마가복음 9장에서 황급히 도움을 청하는 아버지가 이런 경우일 것이다.

> 귀신이 저를 죽이려고 불과 물에 자주 던졌나이다 그러나 무엇을 하실 수 있거든 우리를 불쌍히 여기사 도와주옵소서 예수께서 이르시되 할 수 있거든이 무슨 말이냐 믿는 자에게는 능치 못할 일이 없느니라 하시니 곧 그 아이의 아비가 소리를 질러 가로되 내가 믿나이다 나의 믿음 없는 것을 도와주소서 하더라(22-24절).

그 아이의 아버지가 의심하는 것을 예수님은 꾸짖지 않으셨다. 예수님은 단지 하나님께는 모든 것이 가능하다고 그에게 확신을 주었다. 자신의 불신을 도와달라는 그 사람의 부르짖음은 오히려 의심으로 여겨졌다.

"네 손가락을 이리 내밀어 내 손을 보고 네 손을 내밀어 내 옆구리에 넣어보라 그리하고 믿음 없는 자가 되지 말고 믿는 자가 되라"(요 20:27). 주님의 이런 말씀은 도마에게 확신을 주었다. 이 증거는 도마에게 놀라운 것이었다. 그의 불신이 신앙으로 바뀌면서 도마는 "나의 주시며 나의 하나님이시니이다"(28절)라고 고백했다. 도마는 물리적인 증거를 넘어서는 그 어떤 것과 마주하고 있었다. 왜냐하면 도마가 전에 했던 말을 제자 중 누군가가 예수님께 말했다는 것은 **의심스럽기** 때문이다. 그의 반응은 예수님의 부활을 믿는 정도가 아니었다. 도마는 예수님을 '주'('퀴리오스'라는 신약의 이 단어는 구약의 '여호와'라는 단어에 상응한다)요 '하나님'('테오스')으로 선포하며 예수님의 신성을 믿게 되었다.

합리적 의심을 넘어

의심만 하며 이 세상을 살아가는 사람은 없다는 것을 생각해 본 적이 있는가? 우리는 항상 무엇인가를 혹은 누군가를 믿으며 살아가고 있다. 그러지 않고는 잘 살아갈 수가 없다. 의심하면 행동할 수 없고, 믿으면 행동한다. 다음과 같은 야고보의 말은 부분적으로 이 사실에 기초를 두고 있다. "나는 행함으로 내 믿음을 네게 보이리라"(2:18). 의심은 어떠한가? 무엇으로 의심을 보여줄 수 있는가? 사람이나 사물, 일에 대한 확신이 없는 상태에서 우리가 이룰 수 있는 일이 얼마나 되는가?

의심하는 사람들은 결정하는 데 어려움을 느끼지만, 위대한 믿음을 가진 사람들은 결정을 잘하고 행동에 옮긴다. 예를 들면 하나님의 종 여호수아는 위대한 지도자였다. 그는 담장에 걸터앉아 이리저리 생각만 하는 사람이 아니었다. 한 천사가 사람의 모습으로 칼을 빼어 들고 여호수아 앞에 나타났을 때, 그는 나아가서 "너는 우리를 위하느냐 우리의 대적을 위하느냐"(수 5:13)라고 물었다. 그 천사는 자신이 여호와의 군대장관이라고 말하고, 여호수아에게 신을 벗으라고 명령했다. 그가 선 땅은 거룩한 땅이었기 때문이다.

여호수아는 신을 벗었으며, 믿고 복종했다.

여호수아는 또한 사람들에게 자신의 믿음을 가르쳤다.

그러므로 이제는 여호와를 경외하며 성실과 진정으로 그를 섬길 것이라 너희의 열조가 강 저편과 애굽에서 섬기던 신들을 제하여 버리고 여호와만 섬기라 만일 여호와를 섬기는 것이 너희에게 좋지 않게 보이거든 너희 열조가 강 저편에서 섬기던 신이든지 혹 너희의 거하는 땅 아모리 사람의 신이든지 너희 섬길 자를 오늘날 택하라 오직 나와 내 집은 여호와를 섬기겠노라(24:14-15).

위대한 지도자는 불신 가운데 방황하지 않는다. 의심하는 사람 중에도 일부는 자신이 지도자라고 생각할지 모르나 그들을 따르는 사람은 없다. 열띤 경기가 벌어지는 가운데 어정쩡하게 다음 지시를 내리지도 못하고 쩔쩔매는 코치를 상상할 수 있겠는가? 그런 코치가 선수들을 독려할 수 있겠는가? 사람들은 강한 확신을 가진 지도자를 따른다. 지도자가 믿는 것이 무엇이든지, 사람이든 목표든 그것이 확실하다면 사람들은 그것을 따른다는 말이다. 히틀러 같은 사람이 왜 지도자의 자리에 오르는가? 히틀러는 결단력 있고 확신에 찬 사람이었다. 제1차 세계대전이 끝난 후에 황폐해진 독일은 강력한 지도자를 갈망하고 있었다. 누군가가 국가를 회복시켜서 다시 열강의 자리에 오르고 싶었다. 히틀러는 자신의 추종자들에게 그들이 입은 손해와 이 세상이 입은 손해를 만회할 만큼 그들은 우수한 민족이라는 사실을 믿으라고 호소했다.

코치가 어떤 경기 종목에서 탁월한 지도력을 보였다면, 운동선수들은 대개 그 코치를 신뢰한다. 그가 반드시 이전에 챔피언이었어야 하는 것은 아니다. 훌륭한 선수나 팀을 키운 전력이 있다면 더욱 좋겠지만 코치가 되는 데는 지도자로서의 역량이 중요한 것이다. 선수들은 코치가 옳다고 믿기 때문에 그가 말하는 대로 따른다. 코치가 동작의 기술을 지적하면서 바꾸라고 하면, 선수들은 처음엔 어색해하면서도 동작을 바꾸는 연습을 시작한다. 지도자의 전력에 따라 우리 마음은 의심의 상태에서 믿음의 상태로 옮겨간다. 우리가 정말 그 사람의 권위를 믿을 때, 온전한 복종으로 그를 따르게 된다.

그와 반대로, 의심이 들기 시작하여 완전히 의심에 지배당하는 상태를 회의주의 혹은 결정적 의심이라고 부른다. 회의론자는 어떠한 진리도 확실히 아는 것은 불가능하다고 자포자기해 버린다. 이것이 포스트모더니즘의 부정적인 면이다. 오늘날 세속 교육과 방송 매체에서는 절대적인 진리는 없다는 생각을 널리 받아들이고 있는데, 이는 본질적으로 하나님이 없다는 주장이나 마찬가지다. 이러한 생각은 의심의 또 다른 형태인 양가성ambivalence을 낳는다. 양가적 사회는 다른 사람을 상관하지 않으며 양가적인 사람들은 정서적으로 무감각하다. 그들의 삶에는 아무런 확신도 목적도 없다.

복을 빼앗는 자는 누구?

의심이 사회에 만연한 이유는 믿음보다는 의심을 품는 것이 더 쉽기 때문이다. 마귀는 더 쉬운 쪽으로 역사한다. 예를 들면, 피고측 변호사들은 무죄를 증명할 필요가 없다. 변호사가 합리적 의심이 가는 점을 제시하기만 하면 배심원들은 그 사건을 기각해야 할 의무가 있기 때문이다. 반대로 검사는 피고가 합리적 의심의 여지 없이 유죄임을 입증해야만 한다.

이 사회를 마비시키고 싶다면 조그만 의심 하나만 만들어내면 된다. 비효율적이고 비활동적이며 아무 의미도 찾을 수 없는 사람들은, 의심스러우면 아무것도 하지 말자는 생각이 만연하다. 의심하는 사람들은 대부분 어떤 결과가 생기는 일은 하지 않는다.

의심은 거짓의 아비가 조장하는데(우리는 그의 역할을 7장에서 살펴볼 것이다), 그는 많은 조력자들을 두고 있다. 이 세상에 복을 빼앗아가는 사람들이 얼마나 많은지 다음의 예를 보면 알 수 있다.

"너 새 옷 샀네. 나도 거기서 옷 샀는데, 어깨 쪽이 금방 뜯어져버리더라."

"그 사람한테 차를 샀다고? 나도 그 사람한테 차를 샀는데 아주 나쁜 차를 팔더라고."

"그래, 너 교회에 다닌다면서? 이제 넌 지금까지 본 적이 없었던 원수를 만난 거야. 나도 믿어봤는데, 별 볼일 없더라고."

"우리 야유회 가기로 계획했는데, 분명히 그날 또 비가 올 거야."

비관적인 태도 역시 복을 빼앗아 가는데, 조사에 따르면 세계 인구의 95%가 태어날 때부터 비관론자라고 한다. 일기예보를 하는 사람들은 내일 비가 올 확률이 30%라고 말하지, 맑을 확률이 70%라고 말하는 경우는 거의 없다. 뉴스를 들으면 온갖 나쁜 소식은 다 전하면서, 착한 사람들의 선행은 잘 전하지 않는다. 신문 방송에서 나쁜 목사의 이야기는 크게 전하지만, 대부분의 경건한 목사들이 날마다 행하는 선행은 보도하지 않는다. 이런 것들은 뭔가 결정하지 못하는 사람들의 마음에 의심을 불어넣는다.

반대로 낙관론자는 자신이 정말 끝내주는 세상에 살고 있다고 생각한다. 그리고 비관론자는 그 생각이 맞을까봐 염려한다! 비관론자는 "이 일을 하면 무엇을 잃게 될까?"를 묻지만, 낙관론자는 "이 일을 하지 않으면 무엇을 잃게 될까?"를 묻는다. 비관론자는 기회가 있을 때마다 문제점을 보지만, 낙관론자는 문제가 있을 때마다 기회를 발견한다. 비관론자는 의심을 먹고 산다.

다음의 이야기는 이 생각을 잘 설명해 준다. 마귀가 무기를 잔뜩 늘어놓고 팔고 있다는 소식이 돌았다. 가장 성능이 좋은 무기 몇 가지가 경매에 나와 있었다. 호기심이 많은 천사 몇이 도대체 마귀가 무슨 무기를 파는지 궁금했다. 그의 주요 무기인 유혹, 정죄, 속임수는 아주 잘 보이는 곳에 눈에 띄게 진열되어 있었지만 파는 물건이 아니었다. 판매대에 있는 상품들은 사소한 뒷말, 질투심, 교만, 탐욕, 정욕, 그 외에 잘 알려진 마귀의 거짓 수작들로, 지금까지 수많은 하나님의 자녀들을 거꾸러뜨린 무기들이었다. 마귀의 하수인들은 이 무기들이 하나님의 나라에서 널리 퍼져 사람들

사이에서 사용되게 하려고 혈안이 되어 있었다.

그런데 한 천사가 보니 진열대 하나가 텅 비어 있기에, 여기에는 무슨 무기가 있었냐고 물었다. "아, 거기는 낙심이라는 무기 자리예요. 꾸준히 수요가 있어서 물건을 갖다놓기만 하면 동이 나는군요. 재고도 없습니다. 우리의 가장 효과적인 무기지요. 이미 하나님의 자녀들은 대부분 이 무기를 갖고 있답니다!"

적극적 사고의 힘이란 도대체 무엇인가

능력 주시는 그리스도 안에서 모든 것을 할 수 있는 사람들(빌 4:13을 보라)에게서 용기를 빼앗아 가는 것은 죄다. 낙심의 씨앗을 심는 자들은 의심의 열매를 거둘 것이다. 데일 카네기Dale Carnegie는 이런 말을 했다.

> 사람을 무안하게 하지도 않고 비참하게 하지도 않으면서 그를 변화시키고 싶다면 격려를 사용하라. 그러면 내가 고쳤으면 하는 그의 단점들이 쉽게 고쳐지고, 그가 했으면 하는 나의 바람들이 쉽게 이루어질 수 있다. …… 만약 우리가 만나는 사람들을 격려하여 그들 안의 숨은 보배를 그들이 발견하도록 도와준다면, 우리는 사람을 변화시키는 그 이상의 큰 일을 하는 것으로, 말 그대로 새사람을 만든다고 할 수 있다.[1]

노만 빈센트 필Norman Vincent Peale은 적극적인 사고가 가진 엄청난 능력을 가르친 것으로 유명하다. 그의 뒤를 이어 동기 부여와 관련된 많은 강사들이 그의 가르침을 인용했다. 일반적으로 우리 생활에 적극적인 사고방식을 적용하면 많은 유익이 따른다. 우리가 어떤 생각을 선택하느냐에 따라 어떤 행동을 하느냐가 결정된다는 것은 자명하다. 먼저 무슨 생각을 하지 않고서는 어떤 행동도 할 수 없지 않은가? "대저 그 마음의 생각이 어떠하면 그 위인도 그러한즉"(잠 23:7). 작가는 알 수 없지만 이런 원리를 잘 표현한 시가 있다.

> 패배했다고 생각하면, 패배한 것이다.
>   패배할 수 없다고 생각하면 패배하지 않는다.
> 승리하고 싶지만, 승리할 수 없다고 생각하면
>   승리하지 못할 것이 분명하다.
> 진다고 생각하면, 이미 진 것이다.
>   이 세상의 바깥에서 우리가 발견하는 것은,
> 성공이란 그 위인의 의지에서 시작된다는 것,
>   그것은 모두 마음의 상태에 달렸다는 것.
> 삶의 전쟁에서 승리는
>   언제나 강하고 빠른 사람에게 돌아가는 것은 아니다.
> 머잖아 승리자가 나올 것이니,
>   그는 자신이 할 수 있다고 생각하는 사람이다.[2]

그리스도인들은 긍정적인 사고방식을 수용하는 것에 대한 거부감이 있는데 물론 거기에는 그럴 만한 이유가 있다. 사고는 마음의 기능인데, 마음은 그 속에 입력되는 것들과 그 속성을 넘어설 수 없다. 본래의 한계를 넘어 마음을 억지로 이끌려는 시도는 결국 현실 세계에서 도피하여 환상에 빠지게 만들 뿐이다. 그러나 우리 자신을 믿는 것만으로도 얼마나 놀라운 일들을 이룰 수 있는지 우리는 깨달아야 한다. 우리 대부분은 우리의 인간적 잠재력을 거의 발휘하지 못한 채 살아가고 있다. 사람은 평균적으로 전체 두뇌의 5% 정도밖에 사용하지 않는다는 연구 결과도 있다.

1950년대에 어떤 사람들은(그 중에는 목사도 포함되어 있었다) 인류는 결코 달에 갈 수 없을 것이라고 했다. 그러나 소련이 스푸트니크 Sputnik를 발사하자 미국도 이 도전에 응했다. 몇 년도 안 되는 짧은 시간에 미국은 소련을 앞질렀을 뿐만 아니라, 닐 암스트롱Neil Armstrong이 실제로 달에 첫 발을 내디뎠다. 인간이 달 위를 처음으로 걸었다는 사실은, 인간이 할 수 있다고 믿기만 하면 무엇이든 이룰 수 있다는 자신감을 불어넣었다.

아폴로 우주 계획이 끝나갈 즈음에 또 다른 계획이 시작되고 있었다. 나는 당시 항공우주 기술자로 일하고 있었는데, 우리 회사는 우주선의 항해 시스템을 개발하는 일을 맡게 되었다. 처음에는 이 시스템을 셔틀버스라고 불렀는데, 지구로 귀환하여 계속 다시 사용할 수 있는 우주선을 만드는 일이었다. 국가로부터 이런 요청을 받았을 때, 그런 비행물체는 당시의 기술로는 존재하지 않았다. 그러나 아폴로의 성공으로 잔뜩 고무된 항공우주 회사들은 재정과 시간만 확보되면 이 시스템을 실현할 수 있으리라고 믿었다. 오늘날은 우주 왕복선이 수시로 발사되기 때문에 사람들은 이 일에 거의 관심조차 없다.

인간의 능력은 거의 한계가 없는 듯하다. 창조주로부터 놀라운 두뇌와 육체의 능력을 부여받은 우리 인간은 인공위성을 쏘아 올려 지구촌 간의 통신을 예삿일로 만들었다. 우리는 심장, 간, 콩팥의 이식 방법을 알게 되어 이전보다 더 오래 살게 되었다. 우리는 전에는 불가능했던 높은 곳에 오르고 깊은 곳에 내려가며 우주를 탐험하면서, 지금까지 인간이 가보지 못했던 곳을 가고 있다. 수십 년 전에는 불가능하다고 생각했던 세계 신기록들이 하나하나 갱신되고 있다. 그러나 인간이 할 수 없는 어떤 한계는 분명히 존재한다. 우리는 아직 가난, 전쟁, 범죄, 부패 등의 문제를 해결하지 못하고 있다. 인류의 희망으로 보였던 과학에 대한 믿음도 이 포스트모던의 시대에서는 사라져가고 있다.

우리는 지금 '새 시대new age'를 살고 있다. 인본주의 시대를 벗어나 심령술spiritism의 시대로 접어들고 있다. 유한한 피조물인 우리가 한계를 가지고 있다는 것은 당연한 사실인데, 만일 우리가 정말 모두 신적인 존재라고 한다면 우리는 마땅히 그 사실을 알고 있어야 하는 것 아닌가? 뉴에이지 사상에는 우리가 할 수 있는 일의 한계란 없다. 구원자는 필요 없다, 단지 깨달음enlightenment이 필요할 뿐이다. 우리 내면의 마음을 통해 현실을 창조할 수 있다. 우리가 충분히 믿기만 하면, 그것은 현실이 될 것이다. **이런 사상은 전혀 새로운 것이 아니다.** 그 옛날의 신비주의occultism가 뉴에이지라는 옷으로 갈아입은 것에 불과하다.

진리의 능력은 왜 확실한 것을 믿을 때 나타나는가

의심은 긍정적인 사고로 어느 정도 극복될 수 있으나, 긍정적인 사고라는 것 역시 또 다른 한계를 갖고 있는 인본주의에 지나지 않는다. 그리스도인에게는 훨씬 더 나은 방법이 있다. 인간이 자신을 믿는 것으로 그토록 놀라운 일을 이룰 수 있다면, 하나님을 믿을 때 얼마나 더 큰 일을 이룰 수 있겠는가? 우리 안에 하나님의 능력을 가졌기 때문에, 우리는 하나님이 우리를 창조하신 목적을 다 믿으며 그 목적대로 행한다. 예수님이 말씀하신 대로 진리를 믿는 힘이 우리를 자유롭게 할 것이다. 진리를 알고 그에 따라 믿음으로 살면 의심 또한 극복할 수 있다(요 8:32을 보라).

성공은 '할 수 있다'는 생각에서, 실패는 '할 수 없다'는 생각에서 나온다는 말이 있다. 다음에 나오는 20가지 '할 수 있다'는 생각을 믿고 그대로 산다면 많은 의심을 극복할 수 있을 것이다.

성공을 부르는 20가지 '할 수 있다'

1. 내게 능력 주시는 자 곧 그리스도 안에서 내가 모든 것을 할 수 있다고 성경은 말하는데(빌 4:13을 보라) 왜 내가 할 수 없다고 말해야 하는가?
2. 하나님께서 그리스도 예수 안에서 영광 가운데 그 풍성한 대로 내 모든 필요를 채우시리라는 것을 알면서(빌 4:19을 보라) 왜 염려하겠는가?

3. 성경은 하나님이 내게 두려워하는 마음이 아니라 능력과 사랑과 절제하는 마음을 주셨다고 하는데(딤후 1:7을 보라) 왜 두려워하겠는가?
4. 하나님이 내게 믿음의 분량을 주셨는데(롬 12:3을 보라) 왜 내게 그리스도를 위해 사는 믿음이 부족하겠는가?
5. 여호와는 내 생명의 능력이시고 나는 하나님을 아는 그분의 백성으로서 힘을 보이고 용맹을 떨쳐야 하는데(시 27:1, 단 11:3을 보라) 왜 내가 연약하겠는가?
6. 내 안에 계신 이가 세상에 있는 자보다 크시다고 했는데(요일 4:4을 보라) 왜 사단이 내 삶을 주장하게 허락하겠는가?
7. 성경은 하나님이 항상 나를 이기게 하신다고 하는데(고후 2:14을 보라) 왜 내가 패배를 인정하겠는가?
8. 그리스도는 하나님으로부터 오셔서 내게 지혜가 되셨고 하나님은 내가 지혜를 구하면 넉넉히 주신다는 것을 아는데(고전 1:30, 약 1:5을 보라) 왜 지혜가 부족하겠는가?
9. 나는 소망이 있고 마음에 하나님의 인자와 긍휼과 성실하심이 있는데(애 3:21-23을 보라) 왜 낙심하겠는가?
10. 나를 돌보시는 그리스도께 내 모든 염려를 맡겨버릴 수 있는데(벧전 5:7을 보라) 왜 염려하겠는가?
11. 주의 영이 계신 곳에는 자유가 있다는 것을 알면서(고후 3:17을 보라) 왜 여전히 매여 살겠는가?
12. 성경은 그리스도 예수 안에 있는 자에게는 정죄함이 없다고 하는데(롬 8:1을 보라) 왜 내가 죄책감에 시달리겠는가?

13. 예수님은 나를 버리지도 떠나지도 않으시고 항상 함께 있겠다고 말씀하셨는데(마 28:20, 히 13:5을 보라) 왜 내가 외로워하겠는가?

14. 성경은 그리스도께서 나를 율법의 저주에서 구속하여 믿음으로 성령을 받게 하셨다고 하는데(갈 3:13-14을 보라) 왜 내가 저주받은 불운한 사람이라고 느끼겠는가?

15. 나도 바울처럼 어떤 형편에서든지 자족하기를 배울 수 있는데(빌 4:11을 보라) 왜 내가 불행하다고 느끼겠는가?

16. 그리스도께서 나를 위하여 죄가 되셔서 나로 하나님의 의가 되게 하셨는데(고후 5:21을 보라) 왜 내가 무가치하다고 느끼겠는가?

17. 하나님이 나를 위하시면 누가 나를 대적하겠느냐는 말씀을 아는데(롬 8:31을 보라) 왜 내가 다른 사람들 앞에서 무기력해지겠는가?

18. 화평의 하나님이 내 안에 계신 성령을 통하여 지식을 주시는데(고전 2:12, 14:33을 보라) 왜 내가 혼란에 빠지겠는가?

19. 나를 사랑하시는 그리스도로 말미암아 나는 넉넉히 이기는데(롬 8:37을 보라) 왜 내가 실패자처럼 느끼겠는가?

20. 예수님은 이 세상과 그 안의 모든 문제를 이기셨다는 것을 알고 나도 담대하라고 하셨는데(요 16:33을 보라) 왜 내가 일상의 무게에 짓눌리겠는가?[3]

《연구》
1. 의심의 문제로 갈등한 적이 있는가? 있다면 말해 보라.
2. 의심은 나쁜 것인가, 그렇지 않은가? 그 이유를 설명하라.
3. 의심과 불신의 차이는 무엇인가?
4. 합리적 의심의 결국은 무엇인가? 그 이유는 무엇인가?
5. 결단력이 부족한 것과 의심하는 것은 어떤 관계가 있는가?
6. 회의주의와 양가성은 어떻게 다른가?
7. 내 삶에는 복을 빼앗아 가는 사람이 있는가? 내가 다른 사람의 복을 빼앗아 가는 사람은 아닌가?
8. 나는 비관론자인가, 낙관론자인가? 그 이유를 설명하라.
9. 적극적인 사고방식이 주는 유익과 걸림돌은 각각 무엇인가?
10. 진리를 믿는 것의 힘은 적극적인 사고방식의 능력과 어떻게 다른가?

02 믿 음 의 본 질

| The Nature of Faith |

> 과학의 기초라 할 수 있는 만물의 질서를 믿는다는 것은, 그 질서를 만든 분을 믿는 것과 별개일 수 없다.
>
> 미국의 식물학자 아사 그레이 박사

1월 6일, 월요일

믿음에 관한 정말 좋은 책을 발견했다. 책제목은 《Goodness Gracious – in God's Name, What on Earth Are We Doing for Heaven's Sake?》인데, 제목에 기지가 번득인다.*

이 책은 그리스도인들이 정말로 하나님께 돌아선다면, 어떻게 믿음

---

* 직역하면 《친절한 선행 – 하나님의 이름으로, 이 땅에서 우리가 하나님을 위하여 할 수 있는 일은 무엇인가?》이지만, "goodness gracious" "in God's name" "what on earth" "for heaven's sake" 등은 모두 "이런!" "제발" "도대체" "세상에!"라는 의미의 구어적 표현으로, 생각 없이 쓰이는 말들을 통하여 의미 있는 하나의 완전한 문장을 만들어낸 것에 대하여 기지가 번득인다고 평한 것이다.
— 역주

으로 산을 옮길 수 있게 되는지를 말하고 있다. 아주 영감을 주는 내용이다.

주위에 아무도 없는 시간을 기다렸다가, 서류 클립으로 실험을 했다. 클립을 책상 위에 놓고 뚫어지게 바라보면서 마음속으로 움직이기를 바랐다. 아무 일도 생기지 않았다. 큰 소리로 명령하기도 했다.

1월 7일, 화요일

클립으로 오늘 밤 또 한 번 시험해 봤다. 정말 권위를 가지고 명령했다. 그래도 꼼짝도 안했다.
1cm만 움직이게 해주시면, 나는 하나님이 원하시는 대로 다 포기하겠다고 말씀드렸다. 그래도 소용없었다.
정말 걱정이다. 겨자씨만한 믿음만 있어도 산을 움직일 수 있다는데, 나는 이 작은 클립도 꼼짝하게 할 수 없으니 내게 무슨 소망이 있단 말인가?

1월 11일, 토요일

오늘 일찍 일어나 마지막으로 클립에게 명령하기로 했다. 누가 깰까 봐 큰 소리는 낼 수 없어서, 망할 놈의 클립에 대고 쉿쉿 소리를 내며 명령하기까지 했다. 결국 다 포기하고 방을 나오는데, 아들과 딸아이가 잠옷 바람으로 상당히 놀란 듯 서 있었다.
딸아이가 하는 말이, "아빠, 왜 클립한테 말을 안 들으면 곧게 펴버리겠다고 그러셨어요?"[1]

우리 모두에게 믿음이란 신비한 것이다. '어떻게 하면 믿음이 역사하게 할까?' 우리는 고심한다. 아이가 주일학교에서 돌아오자 어머니가 무엇을 배웠냐고 물었다. "모세가 애굽 군사들에게 쫓기는 이야기를 들었어요. 모세가 도망가다가 큰 바다에 이르게 됐거든요. 그 때 모세는 임시 다리를 만들어서 이스라엘 백성을 모두 건너가게 했대요. 그러고는 애굽 군대가 밀어 닥치니까 모세는 그 다리를 파괴해서 모두 물에 빠져 죽게 했어요." "너희 선생님이 그렇게 가르치시던?" 그 어머니는 놀라서 물었다. "아니요. 만약 우리 선생님이 말씀하신 대로 얘기하면 엄마는 안 믿으실 걸요." 그 아이는 믿음이란 사실이 아닌 어떤 것을 믿는 것이라고 생각했다.

믿음의 정수

신약 성경에서 '믿음' '믿다' '신뢰하다' 라는 단어는 모두 '피스티스pistis' 라는 헬라어를 사용하는데, 여기서 믿는다는 것은 마음으로 동의한다거나 지적으로 인정한다는 이상의 의미가 있다. 믿음이란 누군가/무언가에 대한 의존이 실제로 구현된 것이다. 그리스도인에게 이 믿음의 개념이 얼마나 중요한지 생각해 보라. 히브리서 기자는 이렇게 기록했다. "믿음이 없이는 기쁘시게 못하나니 하나님께 나아가는 자는 반드시 그가 계신 것과 또한 그가 자기를 찾는 자들에게 상 주시는 이심을 믿어야 할지니라"(11:6). 이 말씀은, 우리가 믿음으로 구원 받았으며(엡 2:8-9을 보라) "믿음으로 행하고 보는 것으로 하지 아니"(고후 5:7)한다는 사실을 연상시킨다. 다시 말하면, 믿음이란 우리가 얻은 구원의 기초이자 우리가 살아가는 삶의 수단이다. 우리가 그리스도 안에서 자유롭고 승리하는 삶을 살아가려면, 다음에 나오는 세 가지 믿음의 원리를 마음에 간직해야 한다.

제1원리 : 믿음은 그 대상이 누구냐에 달려 있다
우리는 모두 믿음으로 산다. 그리스도인과 비그리스도인의 유일한 차이는 그 믿음의 대상에 있다. 결국 우리는 모두 무엇인가를 믿고 살기 때문에, 중요한 문제는 우리가 '무엇'을 믿으며 '누구'를 믿느냐가 된다. 자신이 믿는 대상을 전혀 이해하지도 못하는 사람에게 믿음으로 살라고 말하는 것은 부질없는 일이다.

우리는 모두 매일 매순간을 믿음으로 살아간다. 그런데 문제는, 우리가 믿는 그 대상이 어떤 것은 가치가 있지만 어떤 것은 그렇지 않다는 데 있다. 예를 들어 우리가 차를 몰고 가다가 파란 신호등을 보았다고 하자. 그러면 아무 생각 없이 교차로를 통과하려고 할 것이다. 이것이 믿음이다. 그러니까, 내가 보지는 못했지만 이미 저쪽에는 빨간 신호등이 켜졌고, 반대 방향에서 오던 차들이 그 신호등을 보고 멈출 것이라고 믿는다. 이것은 기계나 인간을 온전히 신뢰하는 엄청난 믿음이다. 만약 신호등이 잘 작동되지 않는다고 믿는다면 이렇게 교차로를 마음 놓고 건너지 못할 것이며, 건너더라도 아주 조심스러울 것이다. 우리는 일반적으로 오랫동안 믿을 만하다고 검증된 이런 것들과 사람들을 신뢰하며 살아간다.

그러나 우리가 믿는 대상이 믿을 만하지 못한 것으로 밝혀질 경우에는 어떻게 되는가? 우리는 그에 대한 믿음을 포기한다. 당장은 아닐지 모르지만, 여러 번 실망하고는 결국 "이젠 끝이야!"라고 말한다. 일단 믿음을 잃어버리면 나중에 다시 얻기가 어렵다. 문제는 우리가 믿지 않게 된 것이 아니라, 믿을 수 없다고 판명된 그 대상에게 있다. 우리의 관계가 취약한 이유가 바로 여기에 있다. 단 한 번의 행동으로 신뢰를 잃으면 결혼은 파경을 맞는다. 우리는 배우자를 용서하고 다시 결혼생활을 시작할 수도 있지만, 신뢰를 다시 회복하는 데 몇 달 또는 몇 년이 걸리기도 한다. 우리는 믿을 수 없는 것 혹은 믿을 수 없는 사람을 믿을 만큼 바보가 아니기 때문이다.

우리는 일반적으로 의심하지 않고 질서를 믿는다. 인류 역사에서 가장 의심 없이 받아들여진 믿음의 대상은 우주의 불변하는 질서, 그 중에서도 태양계의 운행이다. 그런 이유로 많은 원시 부족 종교가 태양을 숭배했다. 이집트인들은 피라미드를 지어 태양신 '라Ra'를 섬겼다. 현대인들은 시계를 맞추고 달력을 만들며 매일의 일정을 짜는데, 이는 지구가 지축을 중심으로 자전하며 태양 주위를 일정 속도로 공전하고 있다는 사실을 믿기 때문이다. 만약 지구가 몇 도만 조금 궤도를 이탈해도, 태양은 늦게 뜨고 온 세상은 혼란에 빠진다. 하나님이 창조하신 물리적인 우주의 자연 법칙은 가장 신뢰할 만한 믿음의 대상에 속한다.

물론 궁극적인 믿음의 대상은 태양이 아니라 하나님의 아들이다. 히브리서 13장 7절에서 우리는 이런 말씀을 읽는다. "하나님의 말씀을 너희에게 일러주고 너희를 인도하던 자들을 생각하며 그들의 행실의 결말을 주의하여 보고 그들의 믿음을 본받으라"(개역개정). 히브리서 기자는 우리에게 "그들이 하는 것을 모방하라"고 하지 않았다. 왜냐하면 그들이 한 것은 그들이 믿기로 선택한 결과에 불과하기 때문이다. 그 다음 절은 그들이 무엇을 믿었는지를 보여준다. "예수 그리스도는 어제나 오늘이나 영원토록 동일하시니라"(8절). 하나님은 변함이 없으시다는 사실은 그분을 가장 믿을 만하게 만드는 요소이다(민 23:19, 말 3:6을 보라). 하나님은 변하지 않으시고 그분의 말씀도 변할 수 없다.

> 풀은 마르고 꽃은 시드나 우리 하나님의 말씀은 영영히 서리라 하라 (사 40:8).

이렇게 영원히 불변하시기 때문에 하나님은 믿을 만하시며 우리는 그분을 신뢰한다.

믿음 때문에 고민하는 한 젊은이가 나에게 면담을 요청했다. 그의 이야기를 듣고 나는 그가 왜 갈등하는지를 알 수 있었다. 주님께 헌신한 그에게 그의 목회자는 믿음으로 살라고 도전했다고 한다. 물론 좋은 의도에서였다. "저는 지난 3년 동안 믿음으로 살아왔어요. 그런데 믿음으로 사는 건 길고 끊임없는 싸움이었죠." 믿음으로 살라는 말의 문제는 무엇인가? 무엇에 대한 믿음인가? 믿음을 위한 믿음, 믿음을 믿는 믿음을 가질 수는 없다. 믿음은 대상이 없이는 아무 소용이 없다.

똑같은 원리가 묵상에도 적용된다. 무엇이 중요한가? 묵상 그 자체인가, 묵상의 대상인가? 시편 기자는 이렇게 기록했다. "오직 여호와의 율법을 즐거워하여 그 율법을 주야로 묵상하는 자로다"(1:2). 밤새 배꼽을 묵상하고 환상의 세계에 도달할 수도 있다. 믿음의 대상이 중요하다는 것을 명심하라!

제2원리 : 얼마나 큰 믿음을 갖느냐는 우리가 믿음의 대상을 얼마나 잘 알고 있느냐에 달려 있다

하나님을 믿는 믿음에 갈등이 있을 때, 그 원인은 그 믿음의 대상이 실망스럽다거나 충분하지 못해서가 아니라, 우리가 하나님과 그분이 일하시는 방법에 대한 참 지식이 부족하기 때문이다. 우리는 하나님이 우리의 기도에 우리가 원하는 어떤 방식으로 응답하거나 반응하시기를 바라는데, 이는 우리의 방법이지 하나님의 방법이 아니다. 그리고 하나님이 그렇게 하지 않으시면 "하나님, 나를 잊으셨어요?"라고 말한다. 문제는 하나님께 있지 않다. 하나님은 믿음의 대상으로서 완전하시다. 하나님을 믿는 믿음에 의심이 생기는 것은 우리가 하나님과 그의 길을 잘 알지 못하기 때문이다.

하나님을 믿는 믿음을 키우고자 한다면, 하나님과 그의 길에 대한 지식을 늘려야 한다. 하나님과 그의 길에 대한 우리의 지식이 보잘것없으면 우리의 믿음도 보잘것없이 되고 만다. 우리가 하나님과 그의 말씀에 대해 훌륭한 지식을 갖고 있다면, 우리는 큰 믿음을 가질 가능성이 있다. 히브리서 11장에 기록된 믿음의 전당에는 하나님을 크게 신뢰한 인물들이 나열되고 있는데, 그들은 첫째로 자신들이 위대한 하나님을 모신다는 사실을 알았고, 둘째로 하나님의 말씀을 알고 믿은 사람들이었다.

그러므로 믿음은 펌프질할 수 있는 것이 아니다. 스스로 "내가 믿을 수만 있다면, 내가 믿을 수만 있다면!"이라고 되풀이해야 소용없는 일이다. 우리는 믿을 수 있다. 믿음이란 매일의 선택이기 때문이다. 그러나 하나님과 하나님의 방법에 대하여 진실이라고 알고 있는 범위를 넘어서까지 믿음으로 나아가는 것은 주제넘은 짓이다. 우리는 하나님을 믿고 그의 말씀에 따라 살기로 선택했다. 우리의 믿음을 키우기 위해서는 하나님과 그의 말씀에 대한 지식을 키우는 방법밖에 없다. 합법적이고 권위 있는 믿음의 대상은 오직 하나님 한 분뿐이시다. 그러므로 바울은 이렇게 기록했다. "믿음은 들음에서 나며 들음은 그리스도의 말씀으로 말미암았느니라"(롬 10:17). 내가 하나님의 말씀에서 일곱 가지의 약속을 알고 있다면, 나는 일곱 가지 약속에 제한된 믿음을 갖고 있는 것이고, 내가 하나님의 말씀에서 7천 가지의 약속을 알고 있다면, 나는 7천 가지 용량의 믿음을 갖고 있는 것이다. D. L. 무디Moody는 이렇게 기록했다.

나는 믿음을 위해 기도했고, 어느 날 번개가 치듯이 내게 믿음이 떨어질 것이라고 생각했다. 그러나 믿음은 내게 오는 것 같지 않았다. 어느 날 나는 로마서 10장을 읽고 있었다. "믿음은 들음에서 나며 들음은 그리스도의 말씀으로 말미암았느니라." 나는 이때까지 성경을 덮어둔 채 믿음만을 구했었는데, 이제는 다시 성경을 열고 연구하기 시작했으며, 그 이후로 나의 믿음은 계속 자라났다.2

우리 믿음의 유일한 한계는 하나님과 그의 방법에 대한 우리의 이해와 지식인데, 이것은 우리가 성경을 읽고 말씀을 외우고 성경 공부에 참석하고 그의 말씀을 묵상할 때마다 자라는 것이다. 하나님을 알고 그의 말씀을 알고자 마음을 쏟을 때 우리 믿음의 가능성도 실제적이고 구체적으로 확장된다. 그리스도인의 믿음은 어디까지 확장될 수 있을까? 바로 하나님의 무한하심이 그 경계다! 그러므로 그 어떤 그리스도인도 하나님과 그의 말씀을 완전히 이해한 일은 없으며, 그 어떤 그리스도인도 그가 이미 알고 있는 진리가 보장하는 만큼의 믿음의 잠재력을 온전히 발휘하여 산 일이 없다.

하나님은 인간에게 매이시는 분이 아니다. 우리의 기도로 하나님을 조종하거나 움직이시게 할 수 없다. 그분은 오직 그분 자신에게만 구속되는 분이시다. 하나님은 자신의 약속과 말씀에 충실하겠다고 약속하셨다. 우리는 하나님과 언약관계에 있기 때문에 우리가 믿든지 안 믿든지 그분은 항상 자신의 말씀을 지키신다는 진리를 알고 있다. 하나님이 무엇을 진리라고 선포하시면, 우리는 단순히 그분을 믿고 그 진리에 따라 믿음으로 살아간다. 만약 하나님이 진리라고 말씀하지 않으시면, 우리의 믿음이 어떻든지 그것은 진리가 아니다. 하나님을 믿기로 결정한다고 해서 하나님의 말씀이 진리로 바뀌는 것은 아니다. 오히려 하나님의 말씀이 진리이기 때문에 우리는 그 진리를 믿는 것이다.

제3원리 : 믿음이란 행동의 말씀이다

믿음이 어떻게 자라는지를 설명하기 위해 예를 들어보자. 어린 아들이 책상 위에 서 있고, 아버지는 아들에게 뛰어내리라고 말한다. 그 아이는 잠시 못 미더워하다가, 다음 순간 아버지의 품으로 뛰어내렸다. 그러자 아버지는 조금 더 멀리 떨어져서 아들에게 또 뛰어내리라고 말한다. 이번에는 믿음의 강도가 조금 더 커졌다. 드디어 아버지는 아이를 데리고 밖으로 나가 나무 위에 올려놓고 뛰어보라고 한다. 이것은 아주 큰 믿음의 도약을 요구하는 것이었지만, 아들은 뛰어내린다. 이 아이가 인생의 나무를 계속해서 올라갈 때, 아이에게 아버지는 항상 완전한 믿음의 대상으로 남아 있을까? 아니다! 어릴 때는 부모가 어떤 질문이든 모두 대답해 주고, 어떤 적도 다 물리쳐 주리라 믿는다. 그러나 그들은 곧 이것이 진리가 아니라는 것을 배우게 된다.

부모인 우리는 자녀들을 우리의 주님이신 예수 그리스도를 아는 지식으로 인도해야 할 책임이 있으며 그뿐 아니라 그들이 영적인 정체성과 영적인 유산을 이해하도록 도와야 한다. 그들이 하나님의 자녀가 되면 그들이 믿는 믿음의 대상은 바뀐다. 우리는 언제까지 자녀 곁에 있을 수 없으나 그들의 하늘 아버지는 지금이나 장래에도 늘 함께 계실 것이다.

아버지가 아이에게 믿음으로 뛰어내리라고 격려했을 때, 아이는 아버지가 자신을 받아 안을 것이라고 믿었는가? 물론이다. 그렇게 믿었으니 뛰어내린 것이 아니겠는가? 만약 아이가 뛰어내리지 않았다고 가정해 보자. 아버지가 아이에게 묻는다. "아빠가 널

붙잡아 줄 거라고 믿지?" 그 물음에 아이가 믿는다고 대답하고 실제로는 뛰어내리지 않았다면, 그 아이는 정말 아버지가 자기를 붙잡아 주리라고 믿은 것인가? 야고보는 그렇지 않다고 했다. 그런 신앙고백은 희망적 사고wishful thinking에 지나지 않는다.

이와 같이 행함이 없는 믿음은 그 자체가 죽은 것이라 혹이 가로되 너는 믿음이 있고 나는 행함이 있으니 행함이 없는 네 믿음을 내게 보이라 나는 행함으로 내 믿음을 네게 보이리라(2:17-18).

다시 말해 우리가 진실로 하나님과 그의 말씀을 믿는다면, 그 믿음은 우리의 행동과 대화에 영향을 미친다. 우리가 하나님과 그의 말씀을 믿는다면 우리는 그 믿음대로 살아갈 것이다. 우리가 하는 행동 하나하나는 본질적으로 우리가 믿기로 선택한 것의 산물이다. 우리가 항상 말하는 것과 일치되게 사는 것은 아니다. 우리는 우리가 실제로 믿는 바에 따라 살아간다.

왜곡된 믿음

행동이 따르지 않는 믿음은 왜곡된 믿음이다. 뉴에이지와 동양 사상은 또 다른 왜곡된 믿음을 전파한다. 뉴에이지 신봉자들은 "우리가 정말 확실히 믿으면 그것은 진리가 된다"고 가르친다. 기독교는 "그것이 진리이므로 나는 믿는다"라고 가르친다. 어떤 것을 믿는다고 해서 그것이 진리가 될 수는 없으며, 어떤 진리를 믿지 않는다고 해서 그것이 거짓이 될 수는 없다. 예를 들어 지옥을 믿지 않는다고 해서 지옥불의 온도가 내려가는 것은 아니다.

마태복음 17장 20절에 나타난 예수님의 말씀을 묵상해 보라.

진실로 너희에게 이르노니 너희가 만일 믿음이 한 겨자씨만큼만 있으면 이 산을 명하여 여기서 저기로 옮기라 하여도 옮길 것이요 또 너희가 못할 것이 없으리라.

우리가 "움직여라"라고 명령하기 전에는 산이 움직이지 않는다는 지적은 정확하다. 다시 말하면, 믿음은 행동하기 전에는 정지 상태에 있다는 것이 이 구절의 요점이다. 그렇다고 우리가 원하는 것은 무엇이든지 믿을 수 있고, 그 대상이 우리가 움직이라고 명했기 때문에 단순히 움직일 것이라고 확신하면 잘못이다. 그런 생각은 뉴에이지 사상가들과 같은 부류인데, 그들은 우리의 마음으로 현실을 창조할 수 있다고 가르친다. 그러기 위해 우리가 모두 신이 되어야 한다는 것이 바로 그들의 주장이다.

창조주는 오직 한 분이며 그분만이 말씀으로 무에서 유를 창조할 수 있다. 모든 것이 가능한 분은 오직 하나님 한 분이며, 우리는 우리에게 힘을 주시는 그리스도 예수를 통하여(빌 4:13을 보라) 하나님의 뜻과 그의 말씀에 위배되지 않는 모든 것을 할 수 있다. 그러나 우리에게는 무엇이 진리이고 하나님의 뜻인지 결정할 수 있는 권한이 없다. 이 장을 시작할 때 소개한 이야기에서, 마음으로 클립을 움직여 보려고 했던 그 사람은 혼자 마음으로 그런 결정을 한 것이다. 염동력(念動力, Telekinesis:정신적 원격 조작)은 어떤 물체를 정신력으로 움직이려고 한다. 만약 하나님이 우리에게 산(또는 장애물)을 옮기도록 기도하라고 명하셨고 우리가 하나님을 믿고 기도했다면, 하나님이 그 산을 움직여서 옮기실 것이다. 하나님이 산을 옮기신 것은 그것이 하나님의 뜻이었기 때문이지, 우리가 그 산을 옮기려고 원했기 때문이 아니다.

기도는 막판에 허겁지겁 일을 수습하려고 하나님께 매달리는 수단이 아니다. 기도란 우리의 삶을 향한 하나님의 뜻을 찾는 첫 번째 관문이다. 성령 하나님이 기도하게 하시는 기도는 언제나, 성부 하나님이 응답하고자 하시는 기도이다.3

교회가 그 잠재력을 충분히 발휘하지 못할 때 왜곡이라는 현상이 생긴다. 그런 시기에 사람들은 교회를 진료소로 생각한다. 그들은 불신 가운데 허덕이며 주님이 자신들을 이 곤경에서 곧 구원해 주시기만을 고대한다. 교회는 병자들을 고치는 진료소가 아니다. 교회는 불신의 벽을 무너뜨리라고 명령을 받은 전투부대이다. 모든 성도는 지상명령을 수행하기 위해(마 28:19-20을 보라) 완전 무장한 군인이다. 고맙게도 이 교회에는 약하고 부상당한 사람들을 치료하는 진료소도 있다. 그러나 그 진료소는 전방 부대를 위해 존재하는 것이다. 우리의 진정한 부르심은 우리가 이 세상에 속한 사람들을 변화시켜서 그들이 굳게 서 하나님이 말씀하신 진리에 따라 믿음으로 살게 하고 우리가 여기에 있는 그 목적을 이루는 데 있다.

허드슨 테일러는 중국에 복음을 소개했다고 전해지는 인물이다. 다음의 내용은 그가 쓴 글로서, 자신이 그리스도인의 삶을 어떻게 성공적으로 살았는지 그 영적인 비밀을 말해 주고 있다.

나는 하나님께 더 가까이 하여 살지 않는다는 죄의식과 불안과 나의 뻔뻔함을 느꼈다. 나는 기도하고, 고민하고, 금식하고, 전력을 다해 보고, 결심을 하고, 성경을 더 열심히 읽고, 더 많은 시간을 들여 묵상을 했지만 아무 소용이 없었다. 매일, 거의 매시간, 죄책감이 나를 짓눌렀다.

내가 그리스도와 함께 거하기만 한다면 모든 것이 문제가 없을 것을 알았지만, 나는 그렇게 할 수 없었다. …… 매일 죄와 실패와 무능력으로 하루가 시작되었다. 내 안에 그러려는 의지는 있었지만, 어떻게 그것을 할 수 있는지는 발견할 수 없었다. …… '구원의 길은 없는 것일까?' 하는 생각이 들었다. 결국 이렇게 끊임없이 갈등하고 매번 실패하며 살아야 하는가? …… 나는 나 자신과 죄를 증오했지만, 그것을 이길 힘이 없었다. …… 나는 하나님의 자녀라는 것을 알고 있었다. …… 그러나 자녀로서의 특권을 누리기에는, 나는 정말이지 무력했다.

이런 시간 내내, 나는 그리스도 안에 내 모든 필요가 있다는 확신을 느끼고는 있었지만, 실제적인 질문은 어떻게 그것을 얻을 수 있느냐는 것이었다. …… 나는 믿음을 가지려고 애를 썼지만 믿음은 오지 않았다. 연습하고 훈련했지만, 허사였다. …… 믿음을 달라고 간절히 구했지만 오지 않았다. 이제 어떻게 해야 하나?

내 영혼의 고통이 극한에 이르렀을 때 문득 절친한 친구의 편지 한 구절이 내 눈의 비늘을 벗겨냈다. 여태껏 내가 알지 못했던 진리 곧 예수와 내가 하나로 연합되어 있다는 진리를 하나님의 영이 내게 보여주셨다. 이런 구절이었던 걸로 기억한다. "그러나 어떻게 우리 믿음을 견고히 하겠는가? 믿음을 애써 추구할 것이 아니라, 신실하신 분을 의지함으로 하게나."

이것을 읽고 나는 모든 것을 볼 수 있었다! "우리가 믿지 않을지라도, 하나님은 일향 미쁘시다." 나는 예수님을 바라보았고(아, 그분을 바라보면 얼마나 기쁨이 넘쳐나는지!) 그의 음성을 들었다. "내가 너를 결코 떠나지 아니하리라." 그 때에 나는 이렇게 생각했다. '나는 그분 안에 거하기 위하여 무진 애를 썼다. 이제는 애쓰지 않으리라.' 내가 전보다 더 나아진 것은 아니다. 어떤 면에서는 그것을 바라지도 않는다. 그러나 나는 죽었고, 그리스도와 함께 장사되었고, 아, 그리고 부활했다! 그리고 이제 내 안에 그리스도께서 살아 계시며 "이제 내가 육체 가운데 사는 것은 나를 사랑하사 자신을 버리신 하나님의 아들을 믿는 믿음 가운데 사는 것이다." …… 하나님이 우리를 그리스도와 하나 되게 하셨고, 그 몸의 지체가 되게 하셨는데, 그분이 멀리 계시다고 생각하지 말자. 또 이런 경험과 이런 진리가 몇몇 사람에게만 주어진다고 생각해서도 안 될 것이다. 이것들은 하나님의 자녀라면 누구에게나 태어나면서 주어지는 것으로서, 우리를 죄로부터 구원하고 진정한 봉사를 하게 하는 유일한 능력이다.4

《연구》
1. 하나님의 말씀을 액면 그대로 믿었을 때 시험을 당한 경험이 있는가? 무슨 일이 있었는가?
2. 이 세상 사람들이 모두 믿음으로 살아간다는 사실에 동의하는가? 이 우주가 우연히 생겨났다는 것을 믿으려면 얼마나 큰 믿음이 필요하다고 생각하는가?
3. 우리가 믿는 대상이 우리가 가진 믿음의 효력을 결정한다는 데 동의하는가? 아니면, 믿음의 효력은 우리가 얼마나 큰 믿음을 갖고 있느냐에 달려 있는가?
4. 믿음이란 선택의 문제인가, 그렇지 않은가? 그 이유를 설명하라.
5. 하나님께 무엇을 요청했는데 우리가 원하거나 생각한 대로 응답되지 않아서 실망한 적이 있는가? 예를 들어 어떤 사람이 낫기를 진심으로 믿고 기도했는데, 그 사람이 죽은 그런 경우가 있는가? 이런 어려운 경험을 통해서 어떤 결론을 내렸는가?
6. 엘리야는 "너희가 어느 때까지 두 사이에서 머뭇머뭇 하려느냐 여호와가 만일 하나님이면 그를 좇고 바알이 만일 하나님이면 그를 좇을지니라"(왕상 18:21)고 외쳤다. 우리의 느낌이나 다른 사람들의 생각에 상관없이, 우리가 우리의 삶을 완전히 드려서 하나님이 말씀하신 진리 위에 서려고 할 때 우리를 가로막는 것은 무엇인가?

03 합 리 적 인 믿 음

| Reasonable Faith |

내가 너에게 물려주고 싶은 가장 소중한 유산은 예수 그리스도 안에 있는 믿음이다. 그분과 함께라면 이 세상의 아무것 없이도 행복할 수 있지만, 이 세상의 모든 것을 다 가져도 예수님이 없이는 행복할 수 없기 때문이다.

패트릭 헨리

우리는 음식을 먹지 않고 40일을 살 수 있으며, 물 없이 7일을, 공기 없이 7분을 생존할 수 있지만, 희망이 없이는 잠시도 살 수 없다. 오스트리아의 정신의학자인 빅터 프랑클Victor Frankl은 감옥에 갇힌 사람이 희망을 잃으면 얼마 살지 못한다는 것을 관찰했다. "그러나 한 줄기 희망의 빛만 있다면, 사람들은 규칙적으로 찾아오는 공포라도 견디며 살 수 있습니다. 좋은 음식이 곧 나온다는 소식이나, 탈출할 기회가 있다는 얘기 같은 것들이 희망을 주죠."[1] 그리스도와 함께하는 삶은 끊임없는 희망의 연속인 데 반해, 그리스도가 없는 삶은 희망 없는 파멸이다. 시편 기자는 "내 영혼아

네가 어찌하여 낙망하며 어찌하여 내 속에서 불안하여 하는고 너는 하나님을 바라라 그 얼굴의 도우심을 인하여 내가 오히려 찬송하리로다"(42:5)라고 말했다. 희망이란 바람직한 꿈이 아니라, 좋은 미래에 대한 현재의 확신이다. 히브리서 6장 17-19절은 다음과 같이 말하고 있다.

하나님은 약속을 기업으로 받는 자들에게 그 뜻이 변치 아니함을 충분히 나타내시려고 그 일에 맹세로 보증하셨나니 이는 하나님이 거짓말을 하실 수 없는 이 두 가지 변치 못할 사실을 인하여 앞에 있는 소망을 얻으려고 피하여 가는 우리로 큰 안위를 받게 하려 하심이라 우리가 이 소망이 있는 것은 영혼의 닻 같아서 튼튼하고 견고하여 휘장 안에 들어가나니.

두 가지 변치 못할 사실이란, 하나님의 약속과 이 약속을 보증하는 맹세다. 하나님에 대한 우리의 희망은 우리 영혼의 닻이다. 이 희망은 우리의 의심을 믿음으로 바꾼다. 하나님은 거짓말을 하실 수 없기 때문에, 우리의 희망은 하나님의 성품과 인격과 말씀이라는 진리에 기초를 둔다. 하나님은 변치 않으시지만 하나님에 대한 우리의 이해는 변할 수 있기 때문에 여기에서 의심이 생긴다.

다윗은 시편 13편 1절에서 "여호와여 어느 때까지니이까 나를 영영히 잊으시나이까"라고 말했다. 다윗은 많은 시련 속에서 하나님의 사랑과 돌보심을 의심한다. 이 의심은 하나님을 잘 이해하지 못한 데서 비롯된다. 어떻게 전능하고 무소부재하신 하나님이 영원히, 아니 한 순간이라도 그를 잊을 수 있겠는가? 그러나 다윗은 지난날 신실하셨던 하나님을 기억하면서 믿기로 작정하고 이 의심을 극복한다. "나는 오직 주의 인자하심을 의뢰하였사오니 내 마음은 주의 구원을 기뻐하리이다 내가 여호와를 찬송하리니 이는 나를 후대하심이로다"(5-6절). 다윗이 스스로 "내가 ……하리니"라고 결단하고, 미래를 확신한 것에 주목하라. 그의 믿음은 진실하신 하나님의 속성에 바탕을 두고 있다. 그는 믿음의 눈으로 미래에 모든 것이 잘될 것이라고 바라본다.

희망은 믿음을 낳는다. 만일 우리에게 희망이 없다면 우리는 믿음의 발걸음을 떼어놓을 수가 없다. 만약 시골로 가는 버스가 오전 10시에 떠나기로 되어 있다면, 우리는 그 버스를 타기 위해 버스가 10시에 떠난다는 믿음을 가지고 시간에 맞춰 집을 나선다. 물론 버스를 탄다는 희망을 갖고서 말이다. 그런데 만일 버스가 오지 않고 그 버스 시간표가 잘못되었다는 것을 알게 되면, 희망은 사라져 버린다. 이런 일이 두 번 이상 생긴다면, 우리는 대중교통에 대한 믿음을 잃게 될 것이다. 핵심은 우리가 버스를 타겠다는 희망을 갖지 않았다면, 우리는 버스를 탈 수 있다는 믿음을 갖고 집을 나서지 않았을 것이라는 말이다. 마르틴 루터Martin Luther는 이렇게 기록했다.

이 세상에서 이루어지는 모든 일은 희망으로 된다. 옥수수를 심고 자라난다는 희망을 갖지 않으면, 씨를 심을 농부는 한 사람도 없다. 자녀를 낳아 기르려는 희망으로 우리는 결혼을 한다. 상인들은 이익

을 남기려는 희망으로 사업을 시작한다.2

희망에 관한 말씀은 히브리서 11장 1절에서 발견할 수 있다. "믿음은 바라는 것들의 실상이요 보지 못하는 것들의 증거니." 이것을 설명하는 데 제2장에서 말했던 신호등 이야기가 도움이 된다. 사거리에 도착하면 우리는 볼 수 없지만 반대쪽이 빨간 신호등이기를 희망한다. 그쪽의 차량이 빨간 신호등을 보고 정지할 것이라고 희망한다. 이 희망을 바탕으로 우리는 믿음을 가지고 사거리를 통과한다. 만약 이런 희망이 없다면 무슨 믿음이 생기겠는가? 자동차를 운전해서 사거리를 통과한다는 것은 우리가 전기로 작동되는 신호등과 다른 사람들을 믿기 때문인데, 사실 이 모두는 전혀 믿을 수 없는 대상들이다.

히브리서 11장 1절은 다른 두 가지 중요한 문제를 제기하는데, 그것은 확신과 확증이다. 첫째로 우리는 구원의 확신에 초점을 맞출 것이다. 우리의 믿음이 성장하지 못하도록 막는 주된 의심이 바로 구원의 확신이다. 둘째로 우리는 신념의 문제를 검토할 것이다. 우리는 어떻게 우리가 믿는 것에 대해 신념을 가질 수 있는가? 우리가 그런 신념을 갖는 데 필요한 것은 무엇인가? 이제부터 이 두 가지 개념에 대하여 설명하고자 한다.

확신

구원이란 분명한 경험이다. 우리가 예수님을 우리 삶에 영접하면

(요 1:12을 보라) 우리는 거듭나게 된다(요 3:3을 보라). 바로 그 순간에 우리는 어둠의 권세에서 구출되어 하나님의 나라로 옮겨지며, 우리의 죄를 용서 받고 구원을 얻는다(골 1:13-14을 보라). 이제 우리는 더 이상 "아담 안에"(고전 15:22) 있지 않고, "그리스도 안에"(고후 5:17) 새로운 피조물이 되어 우리 이름은 "어린양의 생명책에 기록"(계 21:27)된다.

> 또 증거는 이것이니 하나님이 우리에게 영생을 주신 것과 이 생명이 그의 아들 안에 있는 그것이니라 아들이 있는 자에게는 생명이 있고 하나님의 아들이 없는 자에게는 생명이 없느니라(요일 5:11-12).

하나님은 그의 자녀들이 구원을 확신하기 바라신다. "내가 하나님의 아들의 이름을 믿는 너희에게 이것을 쓴 것은 너희로 하여금 너희에게 영생이 있음을 알게 하려 함이라"(요일 5:13). 기본적으로 우리가 구원을 확신할 수 있는 세 가지 방법이 있는데, 그것은 (1) 성경의 증거, (2) 성령의 증거, (3) 변화된 삶의 증거이다.

성경의 증거

하나님은 우리를 구원하기 위하여 먼저 활동을 개시하셨다. 우리가 구원을 경험할 수 있도록 기준을 세우시고, 그 계획을 권위 있는 그의 말씀에 기록하여, 서로가 확인할 수 있도록 하셨다.

하나님은 우리 죄를 위하여 우리 대신 자신의 독생자를 희생으로 삼아 죽게 하시고 우리의 구원을 확보하셨다. 그리고 하나님의 능력으로 그리스도를 다시 살리셔서, 우리가 그리스도 안에서 영생을 얻게 하셨다. 우리는 그리스도의 완성된 사역을 믿음으로 구원을 경험할 수 있다. "예수께서 그리스도이심을 믿는 자마다 하나님께로서 난 자니"(요일 5:1). 우리는 어떻게 행하느냐에 의해서가 아니라, 무엇을 믿느냐에 의해 구원을 받는다. 그런데 구원하는 믿음이란 우리가 믿기로 작정한 것을 머리로 동의하는 것이 아니라, 구원의 유일한 방법으로 그리스도의 죽음과 부활을 의지하는 것이다.

사도 바울은 이렇게 기록했다.

네가 만일 네 입으로 예수를 주로 시인하며 또 하나님께서 그를 죽은 자 가운데서 살리신 것을 네 마음에 믿으면 구원을 얻으리니 사람이 마음으로 믿어 의에 이르고 입으로 시인하여 구원에 이르느니라(롬 10:9-10).

거듭나지 않고, 예수라는 이름을 가진 역사적인 인물이 우리의 죄를 위해 죽었다가 다시 살아났다는 것을 머리로만 알 수도 있다. 예수가 주라는 믿음은 그분을 "나의 주님"으로 믿는 것과는 다르다. 예수님은 구주이기도 하지만, 구원 받은 우리는 예수님을 우리 인생의 주님으로 고백하고 믿음대로 살아간다. 우리가 믿기로 선택한 것은 우리 말과 행동에 영향을 미친다. 만약 그렇지 않다면 우리는 정말 믿는 것이 아니다.

요한은 거듭난 사람들이 아버지와 아들을 사랑한다고 하며(요일

5:1을 보라), 아버지를 사랑하는 자는 그의 계명들을 지키는데, "그의 계명들은 무거운 것이 아니로다 대저 하나님께로서 난 자마다 세상을 이기느니라"(요일 5:3-4)고 말한다. "예수께서 하나님의 아들이심을 믿는 자가 아니면 세상을 이기는 자가 누구뇨"(5절).

성령의 증거

"증거하는 이는 성령이시니 성령은 진리니라"(요일 5:7). 하나님은 우리가 하나님과 관계를 맺도록 만드셨다. 우리가 진정으로 거듭났다면, 하나님은 우리가 자신의 자녀라는 사실을 확신하기 원하신다. 우리는 스스로 거듭났다고 생각할 수도 있고, 다른 사람들이 우리의 거듭남을 인정할 수도 있으나, 오직 하나님만이 우리의 상태가 어떤지를 확인할 권위가 있으시며, 또한 그분은 우리의 상태를 확인하신다. 우리가 참 신자라면 "성령이 친히 우리 영으로 더불어 우리가 하나님의 자녀인 것을 증거"(롬 8:16)하신다. 우리가 거듭나면 우리의 영은 하나님과 하나가 되어, 우리가 정말 하나님의 자녀라는 것을 주관적으로 확신하게 된다.

> 너희가 아들인 고로 하나님이 그 아들의 영을 우리 마음 가운데 보내사 아바 아버지라 부르게 하셨느니라(갈 4:6).

내적인 증거는 주관적인 느낌과는 현격한 차이가 있다. 성령이 우리 삶에 임재하심으로 우리는 하나님의 새로운 사랑을 느끼고, 이 세상의 죄악 된 유혹에서 점점 멀어져 간다. "대저 하나님께로서 난 자마다 세상을 이기느니라"(요일 5:4). 진실한 성도는 성령의 감동 때문에 계속해서 죄를 지을 수 없다. 우리는 죄의 덫에 걸려 빠져 나오려고 애쓸 때, 우리가 정말 구원 받은 존재인지 묻게 된다. 그러나 우리의 죄 된 행동이 우리를 괴롭힌다는 것 자체가 거듭났다는 증거이다. 우리가 하나님의 성전인 몸을 계속해서 더럽히는데, 성령이 우리 안에 거하시면서 그냥 가만히 계실 수는 없다. 그리스도인으로서 계속 죄 가운데 거하면, 우리는 비참해진다. 우리는 우리를 속박하는 죄의 멍에를 증오한다. "이 세상도, 그 정욕도 지나가되 오직 하나님의 뜻을 행하는 이는 영원히 거하느니라"(요일 2:17).

새로 그리스도인이 된다는 것은 결혼하는 것과 비슷하다. 사랑에 빠지면 다른 것들은 문제가 되지 않는다. 우리는 상대방을 기쁘게 하려고만 한다. 이 새로운 관계만이 우리의 인생에 가장 소중한 일이 되고, 그 외의 모든 것들은 주변으로 밀려난다. 그러나 어떤 관계라도 이내 틀에 박힌 의식으로 변질되고 만다. 교회에서 봉사하고 종교적인 행사에 참여하는 것은 하나님을 사랑하는 것과 다른 일이다. **하나님을 위한** 섬김이 실제로 **하나님께** 헌신하는 데 가장 큰 걸림돌이 될 수도 있다. 사도 요한은 에베소 교회가 첫 사랑을 잃어버렸다고 엄히 꾸짖었다. 그들에게 회개하고 처음 믿었을 때 가졌던 행위를 되찾으라고 촉구한다. 요한은 다음과 같이 결론을 맺는다.

귀 있는 자는 성령이 교회들에게 하시는 말씀을 들을지어다 이기는 그에게는 내가 하나님의 낙원에 있는 생명나무의 과실을 주어 먹게 하리라(계 2:7).

성도의 삶 가운데 성령의 임재, 이것이 교회의 정의이다. "무릇 하나님의 영으로 인도함을 받는 그들은 곧 하나님의 아들이라"(롬 8:14).

성령의 임재는 또한 거듭난 성도에게 하나님의 말씀을 읽고 싶은 새로운 욕구와 그 말씀을 이해하는 능력을 불어넣어 준다.

육에 속한 사람은 하나님의 성령의 일을 받지 아니하나니 저희에게는 미련하게 보임이요 또 깨닫지도 못하나니 이런 일은 영적으로라야 분변함이니라(고전 2:14).

성령은 진리의 영이시며(요 14:17을 보라), 우리를 모든 진리 가운데로 인도하신다(16:13). 이 진리는 하나님 아버지와의 관계 속에서 우리의 상태를 확인해 주고 우리를 자유롭게 할 것이다(8:32을 보라).

변화된 삶의 증거

구원은 우리 존재의 가장 중심에 확실한 변화를 가져온다. 우리는 그리스도 안에서 새로운 피조물이 되었고, 이 사실은 우리의 생각과 감정과 행동에 여실히 드러난다. 우리의 욕구가 바뀌고 우리의 언어가 순화된다. 다른 사람들은 우리의 행동만이 아니라 태도에도 변화가 생긴 것을 감지한다. 요한은 "선을 행하는 자는 하나님께 속하고 악을 행하는 자는 하나님을 뵈옵지 못하였느니라"(요삼 1:11)고 말한다. 야고보는 "내 형제들아 만일 사람이 믿음이 있노라 하고 행함이 없으면 무슨 이익이 있으리요"(2:14)라고 기록한다. 우리는 믿음으로 구원을 받았다. 그러나 "행함이 없는 믿음은 그 자체가 죽은 것이라 혹이 가로되 너는 믿음이 있고 나는 행함이 있으니 행함이 없는 네 믿음을 내게 보이라 나는 행함으로 내 믿음을 네게 보이리라"(17-18절). 야고보는 믿음으로 구원을 받는다는 교리를 반박하는 것이 아니다. 그는 우리가 진실로 하나님을 믿고 그의 구원을 의지한다면, 이 구원이 우리의 행위와 말에 영향을 끼쳐야 한다고 말하는 것이다.

하나님과 **관계**를 맺는 것과 하나님과 **조화**를 이루며 사는 것은 다르다. 이 사실을 이해하는 것은 매우 중요하다. 육체를 가지고 이 세상에 태어났을 때, 우리는 선택의 여지 없이 육신의 부모에게 자녀가 되었다. 이런 생물학적인 사실을 바꿀 수 있는가? 우리가 집을 뛰쳐나간다거나, 이 사람이 우리 아버지가 아니라고 우긴다 해도 무슨 소용인가? 우리가 아버지와 혈연관계라는 사실은 어떤 행동이나 말로도 바꿀 수가 없다. 그러나 우리의 말과 행동은 아버지와의 조화로운 삶에 영향을 미친다. 만약 아버지를 믿고 순종하면 우리는 아버지와 조화를 이루며 살 것이다. 그러나 믿고 순종하지 않더라도, 그는 여전히 아버지다. 물론 이 경우에는 불순종하는 우리의 삶으로 인해 그 관계가 매우 즐거운 경험이 될 수는 없을 것이다.

하나님과의 관계도 마찬가지다. 우리는 우리 주 예수 그리스도의 피로 인하여 하나님과 영적인 관계를 갖게 되었다(벧전 1:18-19을 보라). "너희가 거듭난 것이 썩어질 씨로 된 것이 아니요 썩지 아니할 씨로 된 것이니 하나님의 살아 있고 항상 있는 말씀으로 되었느니라"(23절). 이 새로운 탄생은 우리가 "혈통으로나 육정으로나 사람의 뜻으로 나지 아니하고 오직 하나님께로서 난 자들"(요 1:13)임을 의미한다. "우리는 그의 만드신 바라 그리스도 예수 안에서 선한 일을 위하여 지으심을 받은 자니 이 일은 하나님이 전에 예비하사 우리로 그 가운데서 행하게 하려 하심이니라"(엡 2:10). 하나님은 우리를 택하셔서 그 가족의 양자로 삼으셨고, 우리를 그의 자녀로 만드셨다.

그 안에서 너희도 진리의 말씀 곧 너희의 구원의 복음을 듣고 그 안에서 또한 믿어 약속의 성령으로 인 치심을 받았으니 이는 우리의 기업에 보증이 되사 그 얻으신 것을 구속하시고 그의 영광을 찬미하게 하려 하심이라(엡 1:13-14).

하나님의 자녀로서, 우리는 하나님 아버지와 조화로운 관계를 이루는 일에 일조할 수 있다. 육신의 아버지와 우리의 관계도 그렇듯이, 조화를 이루는 것은 관계 자체와는 별개의 문제이다. 우리가 하나님을 신뢰하고 그에게 순종하면 하나님 아버지와 조화를 이루며 살 수 있다. 우리가 그분을 온전히 의뢰하지 않고 불순종한다고 해서 구원을 잃는 것은 아니지만, 날마다 승리하는 삶을 살 수는 없을 것이고 하나님의 축복도 잃을 것이다.

죄인의 기도

구원은 하나님의 선물이다. 예수님이 그 값을 치르셨기 때문에 거저 주는 선물이다. 우리가 스스로 할 수 없는 것을 그분이 대신하셨다.

> 너희가 그 은혜를 인하여 믿음으로 말미암아 구원을 얻었나니 이것이 너희에게서 난 것이 아니요 하나님의 선물이라 행위에서 난 것이 아니니 이는 누구든지 자랑치 못하게 함이니라(엡 2:8-9).

은혜란, 영적으로 죽고 죄 많은 우리 이 타락한 세상의 거주자들에게 부당하게 주어지는 하나님의 자발적이고 값없는 사랑으로, 이 사랑은 예수 그리스도를 통하여 계시되고 효력을 갖게 되었다. 우리는 은혜를 돈으로 살 수 없으며 오직 거저 주시는 선물로 겸손히 받아야 한다.

죄인의 상태인 우리는 우리 자신을 하나님의 은혜 가운데 던질 수밖에 없다. 만약 하나님의 은혜로 우리가 이 땅에 사는 동안 긍휼을 얻으면, 영원의 상태에서 우리가 마땅히 받아야 할 죄값을 치르지 않아도 된다. 만약 우리가 마땅히 지불해야 할 대가를 하나님이 요구하신다면, 우리는 영원한 형벌을 받을 수밖에 없다. 복음은 이것이다.

> 우리를 구원하시되 우리의 행한 바 의로운 행위로 말미암지 아니하

고 오직 그의 긍휼하심을 좇아 중생의 씻음과 성령의 새롭게 하심으로 하셨나니(딛 3:5).

누구든지 주의 이름을 부르는 자는 구원을 얻으리라(롬 10:13).

영접하는 자 곧 그 이름을 믿는 자들에게는 하나님의 자녀가 되는 권세를 주셨으니(요 1:12).

바로 지금 그리스도를 영접할 수 있다. 지금까지 그리스도를 영접하지 않았다면, 예수님이 우리의 죄를 위하여 십자가에서 죽으시고, 우리에게 영생을 알게 하려고 부활하신 것을 믿기로 작정하라. 오직 그리스도만을 믿기로 결정하고 다음과 같이 기도함으로 예수님을 영접하라.

"하나님 아버지, 저는 죄를 지었으며 본질적으로 죄인임을 고백합니다. 저는 죄 때문에 영적으로 죽었고 당신의 자녀가 되기에 합당하지 않습니다. 저는 하나님의 은혜가 정말 필요합니다. 저를 하나님의 긍휼에 맡깁니다. 제가 지은 죄를 회개하오니 저를 용서하여 주시옵소서. 예수님이 제 죄를 대신하여 십자가에 죽으신 것을 믿기로 작정했습니다. 예수님이 제게 영생을 주기 위해 오셨음을 믿겠습니다. 이 믿음의 표시로 당신을 제 삶의 주인으로 모셔 들입니다. 기도하오니, 제가 원래 창조하신 모습대로 살 수 있는 능력을 주시옵소서. 오늘부터 죄에서 벗어나 성령의 능력으로 의로운 삶을 살기로 작정했습니다. 이 모든 말씀을, 나의 주요 나의 구원자이신 예수님의 놀라운 이름으로 기도합니다. 아멘."

주의 이름을 불렀는가? 예수님이 내 죄를 위해 죽으시고, 죽음에서 부활하셔서 내게 영생이 있음을 마음에 확신하는가? 예수님이 내 삶의 구주이신가? 이 질문에 "네"라고 대답할 수 있으면 우리는 하나님의 자녀가 되었을 뿐 아니라 그리스도의 몸의 지체가 된 것이다. 하나님의 가족이 된 것을 환영한다. 행위로 받은 구원이 아니기 때문에, 이 구원을 위하여 아무것도 할 필요가 없다. 구원은 하나님이 거저 주시는 선물이고 우리는 지금 이 선물을 받은 것이다. 하나님은 이제 우리가 처음 창조된 그 모습대로 의롭게 살면서 하나님을 영화롭게 하기를 원하신다. 그러니 예수님을 보내어 우리 대신 죽게 하시고 그로써 우리의 죄를 용서하고 영생을 얻게 하신 하나님께 감사를 돌리지 않으려는가?

신념

마음에 굳은 신념을 가진 한 명의 사람은, 그냥 선호하는 백 명의 사람보다 낫고, 단순히 관심만 가진 천 명의 사람보다 낫다. 신념을 가진 사람은 실행에 옮기는 추진력이 있다. 우리의 삶은 신념이 그 원동력이 된다.

사도로서 어려운 고난을 당한 바울을 보라. 자신이 가진 신념 때문에 로마의 감옥에 갇혀 있을 때 그는 디모데후서 1장 12절(새번역)에서 이렇게 기록하였다.

그러므로 나는 이런 고난을 당하면서도 부끄러워하지 않습니다. 나는, 내가 믿어 온 분을 잘 알고 있고, 또 내가 맡은 것을 그분이 그 날까지 지켜주실 수 있음을 확신합니다.

가장 어두운 상황 속에 있었지만 바울은 자신이 믿는 바에 대한 신념이 있었다. 그 편지의 후반부에서 바울은 디모데에게 이렇게 권고한다.

그러나 그대는 그대가 배워서 굳게 믿는 그 진리 안에 머무십시오. 그대는 그것을 누구에게서 배웠는지를 알고 있습니다. 그대는 어려서부터 성경을 알고 있습니다. 성경은 그리스도 예수를 믿는 믿음으로 말미암아 그대에게 구원에 이르는 지혜를 줄 수 있습니다(딤후 3:14-15, 새번역).

어떻게 하면 우리도 이러한 굳은 신념을 가질 수 있을까? 예언이 성취되면 가능할까? 하나님의 말씀은 이렇다. "여호와께서 가라사대 내가 옛적에 장래사를 고하였고 내 입에서 내어 보였고 내가 홀연히 그 일을 행하여 이루었느니라"(사 48:3). 하나님은 구약을 통해 말씀하셨고 그러다가 돌연 그리스도의 삶으로 자신의 예언을 모두 성취하셨다. 시편 41편 9절은 예수님이 친구에게 배반당할 것이라고 선포한다. 스가랴 11장 12절과 13절은 예수님이 은 삼십에 팔릴 것이며, 그 돈은 하나님의 성전에서 토기장이에게 던져질 것이라고 예언한다. 하나님의 가치가 겨우 은 삼십이란 말인가! 스가랴 13장 7절은 예수님이 제자들에게 버림받을 것을 예언한다. 하나님의 말씀대로 모든 예언은 다 이루어졌다. 다음의 도표를 보면 요한복음 19장 한 장에서만 실현된 예언이 얼마나 많은지를 알 수 있다.

그리스도의 삶에 일어난 사건	예언	성취
조롱당하심	시 22:7-8	요 19:1-3
송사하는 자들 앞에서 잠잠하심	사 53:7	요 19:9
연약한 몸으로 십자가를 지심	시 109:24-25	요 19:17
강도와 함께 십자가에 못 박히심	사 53:9, 12	요 19:18
옷을 나누고 제비 뽑음	시 22:18	요 19:23-24
목 마르심	시 22:15, 69:21	요 19:28-29
쓸개와 몰약을 권함	시 69:21	요 19:29
뼈가 부러지지 않으심	시 34:20	요 19:33, 36
가슴이 찔리심	시 22:14	요 19:34
옆구리가 찔리심	슥 12:10	요 19:34
사람들이 올려 보게 됨	슥 12:10	요 19:37
부자의 무덤에 장사됨	사 53:9	요 19:38-41

시편 22편 16절도 예수님의 손과 발이 찔릴 것이라고 예언한다. 또한 이 예언의 성취는 요한복음 20장 25절에서 발견된다. 예

수님 외에 다른 사람이 이 모든 예언에 들어맞을 확률은 천문학적인 숫자로, 다시 말해 불가능하다. 그러나 요한복음 19장에 기록된 예언의 성취는 성경 전체에 비춰볼 때 한 예에 지나지 않는다.

예수님은 가상의 인물인가? 아니면 수 세기를 내려오면서 온갖 설화가 눈덩이처럼 불어 신격화된 실제 인물인가? 우리 주 예수님이 부활하신 지 겨우 3년에서 8년이 지났을 때, 바울은 이렇게 기록했다.

형제들아 내가 너희에게 전한 복음을 너희로 알게 하노니 이는 너희가 받은 것이요 또 그 가운데 선 것이라 너희가 만일 나의 전한 그 말을 굳게 지키고 헛되이 믿지 아니하였으면 이로 말미암아 구원을 얻으리라 내가 받은 것을 먼저 너희에게 전하였노니 이는 성경대로 그리스도께서 우리 죄를 위하여 죽으시고 장사 지낸 바 되었다가 성경대로 사흘 만에 다시 살아나사 게바에게 보이시고 후에 열두 제자에게와 그 후에 오백여 형제에게 일시에 보이셨나니 그 중에 지금까지 태반이나 살아 있고 어떤 이는 잠들었으며 그 후에 야고보에게 보이셨으며 그 후에 모든 사도에게와 맨 나중에 만삭되지 못하여 난 자 같은 내게도 보이셨느니라(고전 15:1-8).

실제로 부활이 없었더라면 이런 편지도 남아 있지 않았을 것이다. 이 편지가 기록될 당시 많은 목격자들이 아직도 살아 있었고, 그 중에 더러는 도마와 같은 회의론자도 있었다. 많은 목격자들은 죽음을 불사하면서도 예수님을 하나님의 아들이라고 선전하며, 그 주장을 굽히지 않았다. 오늘날 우리 가운데는 "그렇지만 무슬림들도 죽음을 불사하고 믿음을 지키지 않습니까?"라고 질문하는 사람들도 있을 것이다. 그렇다. 그 말은 사실이다. 많은 무슬림이 자신이 믿는 것에 대하여 대단한 열심을 가지고 있다. 그러나 그들은 자신이 목격한 바를 증거하는 것은 아니다. 그렇다면 어떤 차이가 있는가? 예수님을 보고 듣고 만진 목격자들은 바로 예수님이 우리 죄를 위하여 죽고, 우리가 그 안에서 새 생명을 가질 수 있도록 예수님이 부활했다는 것을 믿었을 뿐 아니라, 이것이 진리였다는 사실도 알았던 것이다.

부활 당시로 돌아가서 사도행전 2장 22-36절에 나오는 베드로의 변증에 귀를 기울여보자.

1. **나사렛 예수**(22절을 보라) : 베드로가 말했다. "이스라엘 사람들아 이 말을 들으라 너희도 아는 바에 하나님께서 나사렛 예수로 큰 권능과 기사와 표적을 너희 가운데서 베푸사 너희 앞에서 그를 증거하셨느니라"(행 2:22). 우리 주님이 사역을 시작하실 때부터 빌립과 다른 여러 사람들은 예수님을 메시야로 확신하고 있었다.

> 빌립이 나다나엘을 찾아 이르되 모세가 율법에 기록하였고 여러 선지자가 기록한 그이를 우리가 만났으니 요셉의 아들 나사렛 예수니라(요 1:45).

> 말씀이 육신이 되어 우리 가운데 거하시매 우리가 그 영광을 보니

아버지의 독생자의 영광이요 은혜와 진리가 충만하더라(요 1:14).

그는 근본 하나님의 본체시나 하나님과 동등됨을 취할 것으로 여기지 아니하시고 오히려 자기를 비어 종의 형체를 가져 사람들과 같이 되었고(빌 2:6-7).

아무도 하나님이 될 수 없기 때문에, 하나님은 자신을 사람의 형체로 나타내셔서 우리가 하나님과 관계를 맺을 수 있게 하셨다. 예수님 자신은 이렇게 말씀하셨다.

너희가 나를 알았더면 내 아버지도 알았으리로다 이제부터는 너희가 그를 알았고 또 보았느니라(요 14:7).

이러므로 내가 너희에게 말하기를 너희가 너희 죄 가운데서 죽으리라 하였노라 너희가 만일 내가 그인 줄 믿지 아니하면 너희 죄 가운데서 죽으리라(요 8:24).

2. 하나님이 증거하셨다(22절을 보라) : 베드로는 종교 지도자들에게 이렇게 말했다. "너희도 아는 바에 하나님께서 나사렛 예수로 큰 권능과 기사와 표적을 너희 가운데서 베푸사 너희 앞에서 그를 증거하셨느니라"(행 2:22). 권능(헬라어로 '뒤나미스 *dunamis*')은 초자연적인 근원을 가리키며, 기사는 상상력과, 표적은 이해력과 관련된 단어이다. 복음서에는 35가지의 서로 다른 기적이 기록되어 있다.

3. **목적이 분명한 삶**(23절을 보라) : 예수님이 죽게 된 것은 예정된 계획대로이며, 하나님이 미리 아신 그대로이다. 십자가의 처형은 무정한 비극이 아니라 무한한 자비의 행동이었다.

4. **부활**(24-32절을 보라) : 하나님이 예수를 일으키셨다고 베드로는 선언했다. 그는 시편 16편 8-11절을 인용하면서, 논리적으로 이 시편 기자는 자신에 대한 이야기를 하는 것이 아니라고 말했다. 다윗의 무덤은 그 땅에 존재하고 있었기 때문이다.

5. **높임을 받으심**(33절을 보라) : 오순절에 성령을 부어주심은 예수님께서 영광을 받으시고 이제 아버지의 우편에 앉아 계신다는 증거라고 베드로는 말했다. 예수님은 요한복음 7장 37-39절에서 이런 말씀을 하신다.

명절 끝날 곧 큰 날에 예수께서 서서 외쳐 가라사대 누구든지 목마르거든 내게로 와서 마시라 나를 믿는 자는 성경에 이름과 같이 그 배에서 생수의 강이 흘러나리라 하시니 이는 그를 믿는 자의 받을 성령을 가리켜 말씀하신 것이라(예수께서 아직 영광을 받지 못하신 고로 성령이 아직 저희에게 계시지 아니하시더라).

성령의 부으심은 거기에 참석했던 사람들이라면 보고 들을 수 있는 현상이었다고 베드로는 지적했다.

6. **주와 그리스도**(36절을 보라) : 베드로는 이렇게 말했다. "그런즉 이스라엘 온 집이 정녕 알지니 너희가 십자가에 못 박은 이 예수를 하나님이 주와 그리스도가 되게 하셨느니라"(행 2:36). 종교 지도자

들은 조롱하지 않았다. 그 증거는 너무나 놀라웠고, 그들은 그것을 부인할 수 없었다. 베드로의 말은 그들의 마음을 찔렀고, 그들은 사도에게 물었다. "형제들아 우리가 어찌할꼬"(37절).

우리가 어떻게 해야겠는가? 우리는 예수님이 자신에 대해 증거하신 말씀을 믿고 그의 말씀이 절대 진리라는 신념을 가져야 한다. 우리에게는 필요한 모든 증거가 다 있으나 그것만으로는 충분하지 않다. 우리의 육신(예전에 죄로 물든 성품)은 우리를 주관하려고 한다. 이 세상을 주관하는 신은 결정할 때마다 방해를 일삼고, 거짓으로 진리를 대항하여 싸운다. 나는 수백 명의 사람들과 함께 일해 보았는데, 많은 사람들이 믿는다고 말은 하면서도 온전히 회개하지는 않았다. 결과적으로 그들은 그리스도 안에서 자유를 경험하지 못하고, 의심으로 갈등하고 있었다. 또 많은 사람들이 죄를 짓고 회개하고, 죄를 짓고 회개하고, 죄를 짓고 회개하지만, 그들을 자유롭게 하는 진리를 알지 못하고 있었다. 결국 그들은 자신들이 믿는 기독교가 무능해 보이기 때문에 죄책감에 시달리고 의심에 휩싸이게 된다.

믿음은 선택이다. 우리는 믿기로 결정할 수도 있고, 믿지 않기로 결정할 수도 있다. 나는 믿기로 결정을 했고, 그것을 후회하지 않는다. 내가 만일 하나님을 선택하지 않았다면 그 외의 다른 대상을 선택했을 텐데, 내 믿음의 대상으로 다른 믿을 만한 것은 없다고 확신한다. 우리 모두 이런 결정을 해야 한다. 그러나 이렇게 결정하지 않는 것도 또 다른 결정이다.

《연구》
1. 내 믿음의 닻은 무엇인가? 그 이유는?
2. 희망은 믿음과 어떤 관계가 있는가?
3. 당신은 구원의 확신이 있는가? 그 확신은 어디에 근거하고 있는가?
4. 만약 오늘 밤에 당신이 생을 마치고 하늘에 계신 하나님 앞에 선다면, 하나님은 이렇게 물으실지도 모른다. "너는 무슨 권한으로 이곳에 들어올 특권을 얻었느냐?" 그러면 당신은 어떻게 대답하겠는가?
5. 당신은 어떻게 구원을 확신하는가?
6. 함께 모여 간증을 나누거나 일기를 써 보라.
7. 신념을 갖는 데 필요한 것은 무엇인가?
8. 예언의 성취는 나의 신념에 도움이 되는가? 그 이유는 무엇인가?
9. 예수님이 그저 전설에 불과하다는 주장의 신빙성이 빈약한 이유는 무엇인가?
10. 왜 베드로의 논증은 설득력이 있는가?
11. 당신은 신념이 있는가? 당신에게 신념을 갖게 한 것은 무엇인가? 그 이유는 무엇인가?

04 확 실 성 과 불 확 실 성

| Certainties and Uncertainties |

내 영혼이 지금까지 소원하던 목표는 이것이니, 곧 내 마음을 사로잡은 그분과 완전히 동일하게 되는 것이다. 나는 그분과 영원히 동일하기를 원한다. 그리고 그분과 영원히 함께하기를 원한다.

H. A. 아이언사이드

믿음으로 사는 것은 골프 경기와 좀 비슷하다. 여섯 살 먹은 소년이 처음으로 골프채를 선물로 받았다고 하자. 소년은 공을 티에 올려놓고 힘껏 골프채를 휘둘러본다. 있는 힘껏 쳐보았지만 고작해야 60이나 70야드 정도를 날아갈 뿐이다. 잔디 위를 뒤덮을 정도로 많은 공을 쳤지만 목표에서 15도 정도 벗어나 있었다고 하자. 물론 그가 가진 골프채로는 아무리 멀리 친다고 해야 공을 필드 중간 즈음까지밖에 날리지 못한다.

소년은 자라면서 좀더 큰 골프채를 갖게 되었고 이제는 150야드 정도를 날릴 수 있었다. 그러나 그의 드라이브가 아직도 목표를

15도 비껴간다면 그가 친 공은 여전히 울퉁불퉁한 곳에 떨어질 것이다. 공을 300야드 정도 날리는 사람에게 정확한 각도는 더욱 중요하다. 똑같이 15도 차이가 나더라도 어린 소년이 날리면 코스를 벗어나지 않지만, 300야드를 날리면 공은 하늘 높이 올라가 경계를 벗어난다.

마찬가지로 그리스도인의 믿음 생활에서도 같은 현상이 발생한다. 만약 우리가 궤도를 벗어났다면, 믿음을 돌아보아야 한다. 만약 10살에 그리스도인의 생활을 시작하면서 15도를 벗어났다면 그래도 여전히 잔디 코스 안에 있었을 것이다. 그러나 그런 삶을 여러 해 계속했다면 인생은 점점 울퉁불퉁한 길로 접어들었을 것이고, 결국은 코스를 벗어나 있는 자신을 발견했을 것이다. 그 결과 우리가 가끔 중년의 위기라고 부르는 그런 상태가 되고 만다. 우리는 성공과 만족과 성취 같은 꿈꾸던 것을 소유했다고 생각했지만, 오래지 않아 이런 것은 참 인생이 아니라는 것을 발견한다. 이런 잘못된 인생 안에 오래 머물러 있을수록 매일의 삶은 더 소모되고 만족을 잃게 된다.

믿음의 삶이란 우리가 날마다 믿음을 바탕으로 살아간다는 의미이다. 사실 우리는 이미 믿음으로 살고 있다. 그런데 만일 믿음의 열매가 없다면 우리가 믿는 바를 점검할 필요가 있다. 우리가 잘 살지 못하는 것은 우리가 선택한 믿음이 잘못되었기 때문이다.

감정은 하나님의 경고신호

태어나면서부터 우리는 마음속에 성공하고 성취하고 만족을 얻고 즐기고 평화를 누리기 위한 방법을 개발해나간다. 의식적이든 무의식적이든 우리는 이러한 목적을 이루기 위해 끊임없이 계획을 세우고 조정하게 된다.

그러나 종종, 좋은 뜻에서 세운 우리의 계획이 하나님이 우리를 위하여 세우신 계획과 완벽한 조화를 이루지 않을 때도 있다. 이런 생각이 들지도 모르겠다. '내가 믿는 게 옳은지를 어떻게 알 수 있지? 중년의 위기를 경험하거나 50살이 넘어서야 내가 믿은 것이 잘못이었음을 발견해야 한단 말인가?' 아니, 그렇지 않다. 우리는 무엇이 옳은지를 알 수 있다. 그리고 그것을 알기 위하여 중년이 될 때까지 기다릴 필요도 없다. 우리의 신념체계가 하나님의 진리와 잘 어울리는지, 매일의 삶을 통해 알 수 있도록 하나님은 우리를 그렇게 고안하셨다. 우리의 믿음이 성경이 가르치는 바와 일치해야 하는 것은 분명하나, 하나님은 또한 우리에게 피드백 기능을 주셔서 우리 삶의 목표와 소원이 올바른지 그 여부를 점검할 수 있게 하셨다. 어떤 경험이나 관계가 우리를 분노나 불안, 우울의 감정에 빠뜨릴 때 이런 감정의 신호등은 경계심을 일으켜 우리의 목표가 잘못되었다고 가르쳐준다. 잘못된 목표는 잘못된 믿음에 근거한다.

'분노'는 좌절된 목표의 신호

어떤 관계나 일에서 우리의 활동이 분노의 감정을 낳았다면 그것은 일반적으로 누구 혹은 무언가가 우리의 목표를 가로막았기 때문이다. 우리가 원하는 것을 이루지 못하도록 누군가 혹은 무언가 방해하고 있다. 이런 신념을 갖고 있을 수 있다. '내 인생의 목표는 사랑이 넘치고 행복하며 조화로운 그리스도인 가정을 이루는 것이다.' 이 목표를 좌절시킬 수 있는 것은 누구인가? 가족구성원 누구나 이 목표를 방해할 수 있다. 아니 방해할 수만 있는 것이 아니라 분명 방해할 것이다.

결혼한 사람은 대개 자신의 존재 가치를 가족에게서 찾기 때문에, 배우자나 자녀가 자신의 이상향에 어긋나는 행동을 하거나 가족의 조화를 깨뜨릴 때마다 좌절하고 낙담하게 된다. 그러한 가장은 분노하며 독재자로 군림하거나 아니면 그 환경의 피해자로 전락한다. 어떤 선택을 하든지 가족들 사이의 관계는 더욱 소원해진다.

목사라면 이런 신념을 가질 수도 있다. '나의 목표는 이 지역 공동체를 그리스도께로 인도하는 것이다.' 얼마나 멋진 목표인가? 물론 훌륭한 바람이지만, 자신의 존재 가치와 목사로서의 성공을 여기에 둔다면 그는 사역에서 많은 문제에 봉착할 것이다. 인근 주민들은 모두 사역의 방해물이 될 것이고, 당회나 제직회마저 목사의 길을 막을 것이다. 자신의 성공이 다른 사람들에게 달려 있는 목사는 당회원들을 설득하기 위해 싸우거나 아니면 사역을 집어치울 것이다.

바울은 "믿음으로 좇아 하지 아니하는 모든 것이 죄"(롬 14:23)라고 했다. 다른 말로 하면, 우리가 믿는 것이 하나님의 말씀과 그의 뜻에 어긋나면 그 결과는 죄라는 것이다. 예를 들어 우리가 확실한 믿음 위에 세운 목표를 누가 막는다면, 우리는 분노하며 그를 대적할 것이다. 이런 분노의 표출은 결과적으로 우리를 돌아보게 하여 우리가 믿는 바와 그 믿음을 수행하기 위해 세운 목표를 재점검하게 한다.

'불안'은 불확실한 목표의 신호

어떤 일이나 관계에서 불안을 느끼는 것은 그 목표를 이루지 못할 수도 있다는 불확실성의 표시다. 다른 말로 하면, 어떤 일이 일어나기를 바라지만 꼭 그 일이 생긴다고 자신할 수는 없는 상태이다. 우리가 몇몇 상황은 통제할 수 있겠지만, 모든 상황을 통제할 수 있는 것은 아니다.

예를 들어, 어느 십대 학생은 학교 댄스파티에 가는 것을 부모님이 허락하느냐 마느냐에 그의 행복이 달려 있다고 믿는다. 부모님이 어떻게 반응할지를 모르기 때문에 그 학생은 초조해한다. 부모님이 안 된다고 하면, 그는 자신의 목표에 방해물이 생겼기 때문에 분노한다. 그러나 만일 부모님이 허락할 가능성이 전혀 없다는 것을 처음부터 알고 있었다면, 그 학생은 자신의 목표가 성취될 수 없다는 것을 알고 우울해할 것이다.

'우울'은 불가능한 목표의 신호

결코 이룰 수 없는 미래의 성공을 꿈꾸고 있다면, 우리는 불가능하고 희망이 없는 목표를 갖고 있는 것이다. 우울함은 우리의 목표가 실현 불가능하다는 신호이다. 여기서는 그 목표가 아무리 영적이고 고상하다 해도 상관이 없다. 물론 신체의 생화학적 작용으로 우울해질 수도 있다. 그러나 신체적으로 별다른 요인이 없다면 우울의 원인은 대개 소망이 없고 무기력한 느낌 때문이다.

어느 목사님이 교회에서 우울증에 대하여 말씀을 전했는데, 청중 가운데 한 여인이 목사 내외를 저녁에 초대했다. 그는 그리스도인이 된 지 20년이 되었으나 아직 남편은 그리스도인이 아니었다. 목사 내외는 도착하고 나서야, 이 여인이 남편을 그리스도께 인도할 목적으로 저녁을 함께하자고 초청한 사실을 알게 되었다.

알고 보니 이 여인은 이미 여러 해 전부터 심각한 우울증을 앓고 있었는데, 정신과 의사는 여인의 증세가 내과적이거나 신체적인 원인 때문이라고 주장했고 여인은 그 말을 철석같이 믿었다. 그러나 목사가 보기에 이 여인의 우울증은 이룰 수 없는 목표 때문에 온 것이 분명했다. 20년 동안 그는 남편과 자녀들을 그리스도께로 인도하는 것만이 인생의 성공이며 자신의 존재 가치라고 여겼다. 그녀는 가족을 위해 기도하고 그들에게 전도하며 목사들을 집으로 초대하여 저녁을 대접하는 수고를 했다. 그녀는 자신이 할 수 있는 모든 말을 다 했고 할 수 있는 모든 일을 다 했으나 아무 소용이 없었다. 자신의 모든 노력이 수포로 돌아가자 믿음이 흔들리고 희망이 사라지면서 우울증은 깊어갔다.

저녁을 먹으면서, 목사는 그 남편과 유쾌한 대화를 나누었다. 남편은 점잖은 사람으로 가족의 모든 물질적 필요를 잘 채우고 있었다. 그는 단지 자신의 삶에 하나님이 필요하지 않다고 느낄 뿐이었다. 목사는 자신의 얘기를 꺼내면서 긍정적인 간증을 나누려고 노력했다. 그러나 불행히도 여인의 우울증은 가정에서의 태도에 부정적인 영향을 미쳤고 그로 인해 부인의 간증은 남편에게 별 효과가 없었으며, 부인의 목표도 이룰 수 없게 되었다.

우리는 물론 사랑하는 사람들이 그리스도께 돌아오도록 염원하고 기도하며 노력해야 한다. 그러나 우리의 존재 가치를 부모나 친구나 자녀가 그리스도인이 되는 일에 둘 때, 우리는 그들의 반응이 우리의 능력이나 권한 밖에 있다는 사실을 발견한다. 우리의 증거란 성령의 능력으로 우리의 믿음을 나누고 그 결과를 하나님께 맡기는 것이다. 우리는 아무도 구원할 수 없다. 우울은 우리가 성취할 가능성이 적거나 희박한 목표에 매달려 안간힘을 쓰고 있다는 신호로 볼 수 있는데, 그렇다면 그것은 건강한 목표가 아니다.

나의 목표를 좌절시키는 대상에게 그릇된 반응을 보인다

내가 세운 목표가 방해를 받거나 불확실해질 때, 나의 계획을 위협하는 사람이나 사물에게 우리는 어떻게 반응하는가? 아마 우리의 목표를 가로막는 상황이나 대상을 통제하거나 조작하려고 할 것이다.

예를 들어 어느 교회의 목사는 그 지역에서 가장 훌륭한 청소년 사역을 하겠다는 목표가 있다. 그런데 당회원 가운데 한 사람이 음악 사역이 더 중요하다고 주장하며 그의 목표를 방해한다. 청소년 사역자를 청빙하려고 할 때마다, 음악 사역자를 뽑자는 영향력 있는 당회원 때문에 안건이 부결되었다. 그 목사는 자신의 존재 가치와 사역의 성공이 여기에 있다고 생각했기 때문에, 방침을 바꾸어 힘으로 이 방해물을 제거하려고 했디. 그는 은밀히 다른 당회원들을 설득했고, 교단의 지도자들에게도 응원을 청했다. 또한 청소년 사역이 얼마나 중요한지에 대해 설교함으로써 회중의 지지를 얻고자 했다. 그는 반대하는 사람들의 마음을 바꾸는 것은 물론, 자신을 반대하는 그 당회원의 영향력을 없애려고 갖은 애를 썼다. 그는 사역의 성공 여부가 훌륭한 청소년 사역을 세우는 데 달려 있다고 믿었기 때문이다.

어떤 어머니는 자녀들을 잘 길러서 훌륭한 그리스도인 의사와 변호사로 만드는 것이 어머니로서 자신의 존재 가치이자 삶의 목표라고 생각했다. 그러나 자녀들이 십대가 되어 독립적인 언행을 하면서, 그들의 행동은 어머니의 이상과 괴리가 생기기 시작했다. 아이들은 자유를 부르짖고 어머니는 그들을 통제하려고 했기 때문에 당연히 충돌이 일어났다. 그는 자녀들의 행동을 통제해야 한다고 느꼈고, 어머니로서 성공의 여부가 여기에 달려 있다고 생각했다. 자녀들은 어머니의 기준에 합당하게 행동하지 않으면 외출도 할 수 없었다. 어머니가 원하는 음악을 듣지 않으면, 라디오나 텔레비전을 즐길 수도 없었다. 그는 인생을 살아가면서 자녀 양육은 자녀를 자유롭게 하는 과정이며, 성령의 열매는 자녀 통제가 아니라 자아 통제라는 소리를 들어본 일이 없었다.

사람들이 상대방이나 환경을 통제하려고 하는 이유를 이해하는 것은 어렵지 않다. 그 사람의 정체성이 이웃이나 환경이라는 보자기에 완전히 싸여 있기 때문이다. 이것은 그릇된 생각인데, 우리가 만나는 가장 불안한 사람들은 바로 남을 통제하며 조작하려는 사람들이라는 사실에서 분명히 드러난다.

이렇게 자신의 목표를 가로막는 사람들을 통제하는 데 실패하면 사람들은 보통 비애, 분노, 원망 등의 반응을 보인다. 그렇지 않으면 순교자 콤플렉스에 빠지는데 남편을 그리스도께 인도하려고 했던 여인의 경우가 여기에 속한다. 남편을 하나님의 나라로 인도하지 못하자 그의 믿음도 소망도 우울 속으로 사그라졌다. 그 여인은 절망의 십자가를 등에 지고 주님이 재림하실 때까지 살기로 한 것이었다. 목표를 수정하지 않는다면, 그 여인은 여생을 패배 의식에 갇혀 살아갈 것이다.

하나님은 우리에게
나쁜 목표나 이룰 수 없는 목표를 주시는가

다음 질문을 생각해 보라. 하나님이 원하시는 일이면, 그 일은 이루어질 수 있을까? 다시 말해, 하나님이 우리의 삶에 어떤 목적을 갖고 계시다면, 그 일이 방해를 받을 수 있을까? 그 일이 성취되는 것이 불확실하거나 불가능할까?

우리의 인생에 하나님이 주신 목표라면 결코 불가능하거나 불확실하거나 방해를 받을 수 없다. 하나님이 이렇게 말씀하실 리가 있겠는가? "내가 너를 불러 이 세상에 존재하게 했고, 너를 나의 자녀로 삼았으며, 네게 할 일을 준비해 두었다. 물론 네가 그것을 이룰 능력이 없다는 걸 알지만, 한 번 최선을 다해 보아라." 얼마나 우스운 일인가! 이것은 마치 어린 자녀에게 이렇게 말하는 것과 같다. "얘야, 나는 네가 잔디를 좀 깎았으면 좋겠구나. 그런데 불행히도 마당에는 돌멩이가 많아서 잔디 깎는 기계는 쓸모가 없단다. 더구나 기계에 연료도 떨어졌고 말이야. 하지만 한 번 최선을 다해 보렴." 만약 상급자가 하급자에게 복종할 수 없는 명령을 내린다면, 상급자는 자신의 명령에 순종해야 할 아랫사람에게 지도자의 권위를 점점 잃을 수밖에 없다.

하나님은 마리아라는 젊은 여인에게 언뜻 보기에 불가능한 목표를 제시했다. 어느 날 천사가 나타나, 처녀인 그가 아기를 가질 것이고 그 아들은 이 세상의 구주가 될 것이라고 말했다. 어떻게 이런 일이 가능하냐고 묻자, 천사는 "대저 하나님의 모든 말씀은 능치 못하심이 없느니라"(눅 1:37)고 대답했다.

우리가 자녀에게 완수할 수 없는 불가능한 일을 맡기지 않는 것처럼, 하나님도 우리에게 성취할 수 없는 일을 시키지 않으신다. 우리에게 주시는 하나님의 목표는 가능하고 확실하며 이룰 수 있는 일이다. 우리는 각자의 삶에 주어진 하나님의 목표를 이해할 필요가 있으며, 명령을 듣고서 마리아처럼 "주의 계집종이오니 말씀대로 내게 이루어지이다"(눅 1:38)라고 대답해야 한다.

목표와 소원은 어떻게 다른가

우리의 삶이 성공하려면 우리는 경건한 목표와 경건한 소원을 구별해야 한다. 그리스도인 된 우리를 자유롭게 하는 이 구별법은 삶의 성공과 실패, 내적인 평안과 내적인 고통도 분별하게 해준다.

경건한 목표란 우리 삶을 향한 하나님의 목적을 반영하는 어떤 특정한 방향으로, 우리가 조정할 수 있는 능력과 권한을 벗어난 다른 사람이나 환경과는 무관하다.

우리가 조정할 수 있는 능력과 권한을 가진 대상은 누구인가? 이 목표를 방해할 수 있는 사람은 우리 자신 외에는 없다. 이 목표를 불확실하게 하거나 불가능하게 만들 수 있는 사람은 오직 우리 자신뿐이다. 우리가 마리아와 같은 태도를 가지고 하나님께 협력하면, 우리의 목표는 이루어질 수 있다.

경건한 소원이란 다른 사람들의 협조, 일의 성공, 호의적인 환경 등에 따른 어떤 특정한 결과로, 이것들에 대해서는 우리가 조정할 능력이나 권한이 없다.

우리가 가진 소원이 아무리 경건하다고 하더라도 우리의 성공이나 존재 가치를 여기에 두어서는 안 되는데, 그 이유는 우리가 소원하는 바를 마음대로 조절할 수 없기 때문이다. 우리의 어떤 바람은 방해를 받기도 하고 불확실한 채로 있다가 결국은 불가능한 것으로 드러나기도 한다. 인생은 항상 우리 생각대로 진행되지 않으며, 우리 소원의 대부분은 이뤄지지 않을 것이다.

우리 마음속에서 소원을 삶의 목표로 격상시켜 놓으면 분노와 불안과 우울에 시달리게 된다. 그리고 바라던 것이 채워지지 않으면 우리는 실망할 뿐이다. 인생은 실망과 낙담으로 가득하기 때문에, 우리는 이것들과 더불어 사는 법을 배워야 한다. 마음에 바라던 소원이 채워지지 않아서 실망한 것은 쉽게 극복할 수 있지만, 우리의 잘못된 신념에서 생긴 인생의 목표 때문에 일어나는 분노와 불안과 우울 등은 다루기 힘들다.

하나님도 목표와 소원을 구별하실까? 물론이다. 하나님은 말씀하신다.

"죽을 죄를 지은 사람이라도, 그가 죽는 것을 나는 절대로 기뻐하지 않는다. 그러므로 너희는 회개하고 살아라. 나 주 하나님의 말이다"

(겔 18:32, 새번역).

하나님의 소원은 모든 사람이 회개하여 생명을 얻는 것이지만, 모두가 생명을 얻지는 못할 것이다. 요한은 "나의 자녀들아 내가 이것을 너희에게 씀은 너희로 죄를 범치 않게 하려 함이라"(요일 2:1)고 썼다. 물론 하나님의 완전하심과 주권과 성공 여부는 우리가 죄를 짓느냐 짓지 않느냐에 달려 있지 않다. 하나님의 목표에는 장애물이 없다. 하나님의 '소원'은 모두가 구원에 이르는 것이지만, 그럼에도 불구하고 모두가 구원에 이르지는 않는다.

하나님은 참된 목표, 즉 방해 받을 수 없는 구체적인 결과로서의 목표도 갖고 계신가? 그렇다. 주님을 찬양하라! 예를 들어, 예수 그리스도께서 재림하셔서 우리를 영원한 본향, 즉 천국으로 데

려가실 것이다. 사단은 영원히 무저갱에 던져질 것이다. 이 사실을 분명히 믿으라. 충성한 성도들은 그 수고의 대가로 상을 받을 것이니, 기대하라. 하나님의 목표는 하나님의 소원과는 다른 것이다. 하나님의 소원은 타락한 인간의 변덕스러운 본성으로 인해 방해를 받을 수 있다. 그러나 하나님이 결단하신 목표는 반드시 이루실 것이다.

삶의 목표를 하나님의 목표에 맞추고 삶의 소원을 하나님의 소원에 맞추면 많은 분노와 불안과 우울을 제거할 수 있다. 주부가 가정의 행복과 조화를 원하는 경건한 소원을 가지고 있다 하더라도, 이 일이 꼭 이루어지리라고 보장할 수는 없다. 주부의 목표는 하나님이 원하시는 아내와 어머니가 되는 것이다. 그 목적을 이루는 데 방해가 되는 것은 다른 누구도 아닌 바로 그 자신이다.

이런 말에 동의할 수 없는 주부도 있을 것이다. "그렇지만 남편은 중년의 위기를 겪고 있고, 자녀들은 반항적인데 어떻게 하죠?" 이 주부가 하나님이 원하시는 좋은 아내와 어머니가 되는 길에서 만나는 여러 가지 문제는 걸림돌이 아니며, 또 걸림돌이 될 수도 없다. 이런 시련이 그의 믿음을 시험할 수는 있다. 그래 봐야 가정의 어려움은 그의 헌신을 더욱 굳게 하는 결과를 가져올 뿐이다. 이렇게 어려운 때일수록, 남편은 더욱 경건한 아내를 요구하며 자녀들에게는 경건한 어머니가 필요하다. 가정의 어려움 속에서 주부는 더욱 연단되어 하나님이 원하시는 여자가 된다.

그 지역을 그리스도께 인도하고, 훌륭한 청소년 사역을 일으키며, 선교 사역에 드릴 헌금을 50%까지 늘리는 데 자신의 성공과 존재 가치를 두는 목회자는 실패를 향해 달리고 있는 것이다. 이런 것들은 가치 있는 소원이기는 하지만, 이 소원을 성취하는 것이 사역의 성패를 가름한다고 생각해서는 안 된다. 그의 목표는 하나님이 부르신 목회자가 되는 네 있다. 그 교회나 그 지역의 어느 누구도 이 목표를 방해할 수 없다.

궁극적인 목표는 무엇인가

우리의 삶을 향한 하나님의 목표는 우리가 하나님이 창조하신 의도대로의 사람이 되는 데 있다. 성화는 우리의 삶을 향한 하나님의 뜻(즉, 목표)이다(살전 4:3을 보라). 이 세상에 그 무엇도 어느 누구도 우리가 하나님이 부르신 그런 사람이 되는 것을 방해할 수 없다. 이 목표를 향해 가다가 여러 가지 일로 한눈도 팔고, 곁길로 빠지고, 낙심하고, 시련을 겪고, 유혹과 환란을 당하겠지만, 우리는 날마다 이 세상과 육신과 마귀를 싸워 이기고 나아가야 한다. 하나님이 원하시는 사람이 되는 것이 우리 인생의 성공인데, 세상과 육신과 마귀는 그 성공에 방해가 된다.

우리가 만나는 환란은 실제로 하나님의 형상을 닮아가는 고상한 목표를 이루는 도구가 된다고 바울은 가르친다.

다만 이뿐 아니라 우리가 환난 중에도 즐거워하나니 이는 환난은 인내를, 인내는 연단을, 연단은 소망을 이루는 줄 앎이로다 소망이 부끄럽게 아니함은 우리에게 주신 성령으로 말미암아 하나님의 사랑이 우리 마음에 부은 바 됨이니(롬 5:3-5).

야고보도 비슷한 제안을 하고 있다.

내 형제들아 너희가 여러 가지 시험을 만나거든 온전히 기쁘게 여기라 이는 너희 믿음의 시련이 인내를 만들어 내는 줄 너희가 앎이라 인내를 온전히 이루라 이는 너희로 온전하고 구비하여 조금도 부족함이 없게 하려 함이라(약 1:2-4).

"즐거워한다exult"는 말은 기쁨을 고조시킨다는 뜻이다. 환난 중에 있다는 것은 억눌려 있다는 것이며, 인내한다는 것은 그 억눌림을 참아낸다는 뜻이다. 환난을 참고 나아가면 단련된 인격을 이루게 되는데, 이렇게 온전한 인격을 이루는 것이 우리를 위한 하나님의 목표이다.

남편에게 버림받고 도움을 청하러 온 그리스도인 아내가 있다고 하자. 그에게 어떤 소망을 줄 수 있을까? 우리는 "염려 마세요. 우리가 남편을 데리고 올게요"라고 위로할 수도 있다. 이것은 정당한 바람이지만 잘못된 목표다. 이 잘못된 목표는 다른 사람을 조종하고 제어하게 만든다. 남편이 돌아오도록 조작하는 일은, 처음에 남편을 떠나게 만들었던 행동과 똑같은 종류일 수 있다. 이렇게 말하는 편이 낫다.

"이 어려움을 견디고(인내) 하나님이 원하시는 사람이 되도록(온전함) 제가 돕겠습니다. 만약 하나님이 원하시는 아내와 어머니가 되기로 작정한 일이 없었다면, 지금 그렇게 작정하겠습니까? 당신이 남편을 변화시킬 수는 없지만, 당신 자신을 바꿀 수는 있습니다. 자신을 바꾸는 것이 남편을 돌아오게 하는 최선의 방법입니다. 남편이 돌아오지 않는다 해도, 당신은 이 위기를 통하여 원만한 인격을 가질 수 있을 것입니다. 여기에 당신의 소망이 있습니다."

그러면 이렇게 질문할 수도 있다. "하지만 남편 잘못이 90%인데 어떻게 합니까?" 그래도 그 아내는 이 상황을 통제하려고 해서는 안 된다. 자신을 변화시키겠다는 작정만이 아내가 책임지고 통제할 수 있는 일이다. 아내가 변하는 길만이 남편이 변하는 동기가 될 것이며, 그들의 관계가 회복될 수 있는 유일한 길이다.

시험이나 환란은 우리의 목표가 잘못되었다는 것을 보여주지만, 하나님의 궁극적인 목표를 성취하는 촉매제가 될 수 있다. 하나님의 궁극적인 목표는 곧 우리의 성화이다. 성화는 하나님의 형상을 닮아가는 과정이다. 이런 어려움을 겪으면서 우리의 감정은 경고의 깃발을 들어올리며, 길이 막혔다든지 목표가 불가능하거나 불확실하다는 것들을 알려주는데, 이런 목표들은 성숙한 인격을 바라시는 하나님의 목표가 아니라 우리의 소원에 바탕을 두고 있다.

패배의식에 사로잡힌 배우자들 가운데 "우리의 결혼생활은 희망이 없어요"라고 말하면서, 배우자를 바꿔 문제를 '해결'하려는 사람들도 있다. 그들의 첫 번째 결혼생활이 절망적이었다면, 두 번째 결혼생활은 더욱 힘들 확률이 높다는 것을 알아야 한다. 또 어떤 사람들은 직장이나 교회에 소망이 없다고 느끼면, 다른 교회나 다른 직장을 찾기도 한다. 그러나 새로운 직장이나 교회도 역시 절망적이란 사실을 발견한다. 그럴 경우에는 대개 그들이 그 자리에 머물러 있으면서 성장하기를 기다리는 것이 옳다. 그러면 직장이나 교회를 바꿀 적당한 때가 올 것이다. 그러기 전 미숙한 상태에서 다른 곳으로 도망가면, 어디를 가든지 상황은 마찬가지다.

한 남성복 판매원이 자신을 위한 하나님의 목표에 대한 설교를 듣고 변화를 받았다. 그는 이제까지 화를 많이 내는 판매원이었다. 사장은 여러 번 그에게 경고를 주었지만, 그는 일주일에 몇 벌의 옷을 팔겠다고 계획을 세우고는 그 목표에 이르지 못하면 화를 냈다. 그러고는 막무가내로 사람들에게 옷을 사라고 강요했다. 과거에 그는 사람들을 조종하고 강권하여 옷을 팔았는데, 이것이 잘못된 목표라는 것을 바로 깨닫게 되었다. 이 진리의 말씀을 듣고 그는 하나님이 부르신 남성복 판매원이 되기로 작정했다. 그가 얼마나 변화되었던지, 한 주가 지나자 사장이 그를 불러 무슨 일이 있냐고 물을 정도였다. 분노는 사라졌다. 그는 고객 하나하나를 자신보다 더 중요하게 여겼다(빌 2:1-5을 보라). 그런데 그가 놀란 것은, 자신이 이전보다 더 많은 옷을 팔았다는 사실이었다.

하나님의 형상을 이루어가는 데 환란을 참고 나아가는 것보다 더 쉬운 길은 없는가? 아마도 성도인 우리는 모두 다른 길을 찾아보았을 테지만, 우리의 삶을 의미 있게 만드는 성숙에 이르려면 어려운 연단의 시간보다 더 유용한 것은 없다. 때때로 산꼭대기에 오르는 경험도 필요하지만, 성장하기에 좋은 비옥한 토양은 산꼭대기가 아니라 바로 낮은 골짜기다. 바울은 "경계의 목적은 …… 사랑"(딤전 1:5)이라고 말했다. 하나님은 사랑이기 때문에(요일 4:7-8을 보라), 사랑(아가페)은 하나님의 성품이다. 하나님을 닮는 것이 우리의 기본 목표라면, 우리는 성령의 열매, 즉 사랑, [우울이 아니라] 희락, [불안이 아니라] 화평, [분노가 아니라] 오래 참음 등의 열매를 맺을 것이다(갈 5:22-23을 보라). 다음에 나오는 작자 미상의 시는 이 장의 내용을 잘 표현하고 있다.

"실망은 하나님의 약속"
한 글자만 바꾸면, 알 수 있다.*
내 목적이 좌절되면
나에게는 더 좋은 하나님의 선택이 기다린다는 것을,
모양은 다르지만
하나님의 약속은 복된 소망이다.
처음부터 끝까지
하나님의 지혜가 숨어 있으니

"실망은 하나님의 약속"
하나님은 선을 베푸시니,
거부된 상황에서도 우리는
숨겨져 있던 하나님의 사랑이라는 보화를 거둔다.
하나님은 우리의 깨진 꿈을 잘 아시고
우리를 더 충만하고 깊은 믿음으로 인도하신다.

---

* Disappointment(실망)의 D를 H로 바꾸면 His appointment(그분의 약속)가 된다. - 역주

이 모든 수고를 마치면
우리의 하나님은 지혜롭고 의로운 분으로 드러난다.

"실망은 하나님의 약속"
주여, 이것을 그대로 받아들입니다.
토기장이의 손에 있는 진흙처럼
당신이 빚으시는 대로 온전히 맡깁니다.
제 삶을 당신이 계획하시니
조금도 제 것이 없습니다.
조용히 나아가오니 제게 응답하소서.
"아버지여, 제 뜻이 아니라 당신의 뜻을 이루소서."

《연구》
1. 분노, 불안, 우울 등은 나의 마음과 생각에 어떤 영향을 미치는가?
2. 길이 막히고 불확실하며 불가능한 목표를 가지고 있는가? 이전에 그런 경험이 있는가?
3. 나의 계획이나 목표가 가로막힐 때, 나는 어떻게 반응하는가?
4. 다른 사람을 조종하거나 환경을 조작하려는 시도는 왜 우리의 불안을 의미하는가?
5. 다른 사람을 조종하고 통제하려는 생각은 무엇이 잘못되었는가?
6. 목표와 소원의 중요한 차이점은 무엇인가?
7. 내 인생을 향한 하나님의 기본 목표는 무엇인가?
8. 하나님이 이미 이루신 것은 무엇이며, 내가 잘 사용되고 열매를 맺기 위해 해야 할 일은 무엇인가?

9. 다음의 비유를 생각해 보라.

오두막에서 잠을 자던 한 사람이 갑자기 깨어났다. 주님이 그 방에 나타나셔서 방이 아주 환했다. 주님은 그에게 "네게 할 일을 주겠다"고 말씀하셨다. 주님은 큰 바위를 보여주면서 그에게 힘껏 바위를 밀어보라고 하셨다. 그 사람은 아침부터 저녁까지 여러 날을 힘써 일했다. 어깨를 차가운 바위에 대고 온 힘을 다해 바위를 밀었다. 매일 밤 지치고 아픈 몸을 이끌고 오두막으로 돌아올 때면 '오늘도 하루 종일 헛수고만 한 건 아닌가' 하는 생각이 들었다.

이 사람이 낙심하는 징조를 보이자 사단이 끼어들기로 작정했다. 사단은 그의 마음속에 이런 생각들을 집어넣었다. '너는 왜 이 일에 목숨을 거는 거니? 이건 절대 이룰 수 없는 일이야. 이봐! 그렇게 오랫동안 애를 썼지만 꼼짝도 하지 않잖아?' 그 사람은 그제야 이 일이 불가능하며, 자신은 이 큰 바위를 조금도 움직이지 못한 무익한 종이라는 느낌이 들기 시작했다.

이런 생각에 낙심하고 용기를 잃은 그는, 이제 조금만 노력하기로 했다. '내가 왜 목숨을 걸어? 시간 좀 때우다가 최소한의 노력만 해도 괜찮을 거야.' 그렇게 하기로 계획을 세워 놓고서, 어느 날 이 문제를 주님께 가지고 갔다. "주님, 저는 주님을 섬기기 위해 열심히 일했고, 제게 맡기신 일에 온 힘을 다했습니다. 그러나 여태껏 바위를 1밀리미터도 옮기지 못했어요. 무엇이 잘못입니까? 제가 주님을 실망시키고 있나요?"

"아들아, 오래 전에 내가 너에게 나를 섬기라고 말했을 때 너는 그러겠다고 대답했고, 나는 너에게 온 힘을 다해 바위를 밀라고 말했다. 너는 그렇게 했다. 그러나 나는 한 번도, 너 혼자서 바위를 움직이라고 말한 적은 없다. 네가 할 일은 그냥 미는 것이다! 이제 와서 너는 실패했다고 생각하고 낙심하여 그만두겠다고 하는구나. 그러나 정말 그러냐? 네 자신을 보아라. 네 팔은 튼튼하게 근육이 붙었다. 네 등은 햇볕에 그을려 탄탄해 보이지. 손바닥은 딱딱하고 다리는 굵고 단단하다. 바위를 밀면서 너는 처음보다 강해지고 힘이 세졌단다. 그러나 아직도 바위를 옮기지는 못하고, 그래서 너는 낙심도 되고 지쳐서 내게로 왔구나. 내 아들아, 내가 바위를 옮겨주마. 너의 소명은 나의 자녀가 되어 바위를 밀고, 믿음을 행하며, 나의 지혜를 구하는 것인데, 너는 이 모든 일을 잘 해냈단다."[1]

믿음 평가

다음 장으로 넘어가기 전에 다음 페이지에 있는 평가서를 작성하면서 나의 믿음을 평가해 보라. 문장을 완성하기 전에 반드시 깊이 생각해 보라.

【 믿음 평가서 】

1. 나는 얼마나 성공했는가?　　　　　　　1　2　3　4　5

   만약 _____ 더 성공할 것이다.

2. 나는 얼마나 중요한가?　　　　　　　　1　2　3　4　5

   만약 _____ 더 중요해질 것이다.

3. 나는 얼마나 성취했는가?　　　　　　　1　2　3　4　5

   만약 _____ 더 성취할 것이다.

4. 나는 얼마나 만족하는가?　　　　　　　1　2　3　4　5

   만약 _____ 더 만족할 것이다.

5. 나는 얼마나 행복한가?　　　　　　　　1　2　3　4　5

   만약 _____ 더 행복할 것이다.

6. 나는 얼마나 재미있게 사는가?　　　　 1　2　3　4　5

   만약 _____ 더 재미있게 살 것이다.

7. 나는 얼마나 안전한가?　　　　　　　　1　2　3　4　5

   만약 _____ 더 안전할 것이다.

8. 나는 얼마나 평화로운가?　　　　　　　1　2　3　4　5

   만약 _____ 더 평화로울 것이다.

| On the Right Path |

05 올 바 른 길

믿음이란 하나님의 은혜에 대한 살아 있는 용감한 확신이다. 이 믿음은 아주 확실하기 때문에, 목숨을 천 번 걸어도 좋다.

마르틴 루터

앞장의 마지막 부분에서 믿음을 평가하는 시간을 가졌다. "만약 …… 더 성공할 것이다", "만약 …… 더 중요해질 것이다" 등의 문장을 완성하는 것을 통해 우리가 현재 믿는 것이 드러난다. 우리는 지금도 우리가 믿는 바에 따라 믿음으로 살아가고 있다. 우리에게 생리적인 기본 욕구, 즉 음식과 집과 안전 등이 충족된 상태라면 우리는 아마 성공하고, 의미 있고, 성취하고, 만족하고, 행복하고, 즐겁고, 안정되고, 평화로운 삶을 추구할 것이다. 풍성한 삶은 더할 나위 없이 좋다. 하나님은 우리를 불안하고 의미 없고 성취하지 못한 실패의 삶을 살라고 부르신 것이 아니다. 그러나 우리가 믿고 있는 이런 여덟 가지 삶의 질을 정의할 때, 우리의 정의는 하나님의 정의와 다를 수 있다. 그 결과 우리는 하나님이 주신 가능성을 온전히 누리지 못하고 있다.

이 징에서 우리는 앞의 '믿음 평가서'에서 다룬 이 여덟 가지 주제를 더 깊이 연구해 보려고 한다. 1~5단계로 나누어진 반응은 모두 가장 높은 5단계가 될 수 있는 잠재력을 갖고 있다. 이것은 우리 자신이 어떻게 믿느냐에 달린 문제이지, 다른 사람이나 환경에 달린 문제가 아니다. 만약 모든 반응이 1이라면, 우리의 믿음은 바로 거기부터 시작하여 자라날 수 있다는 말이다.

여덟 가지의 주제는 각각 핵심개념과 연관되어 있다. 다음의 도표는 각각의 주제와 그 개념을 요약한 것이다.

성공
핵심개념 : 목표
성공이란 우리의 인생을 향한 하나님의 목적을 수용하고, 하나님이 우리를 부르신 목적대로 되는 것인데, 이는 하나님의 은혜로 가능하다(수 1:7-8, 벧후 1:3-10, 요삼 2를 보라).

중요성[의미]
핵심개념 : 시간
시간 속에 잊혀지는 것은 별 의미가 없다. 영원히 기억되는 것은 대단한 의미가 있다(행 5:33-40, 고전 3:13, 딤전 4:7-8을 보라).

성취
핵심개념 : 역할
성취는 그리스도 안에서 우리 자신의 고유성을 발견하고, 그 은사를 사

용하여 다른 사람을 세우고 주님을 영화롭게 하는 데 그 목적이 있다(마 25:14-30, 롬 12:1-18, 딤후 4:5을 보라).

만족
핵심개념 : 삶의 질
만족이란 의롭게 살면서 우리가 관련된 인간관계나 봉사, 혹은 일의 질을 높이려고 추구하는 것이다(잠 18:24, 마 5:5, 딤후 4:7을 보라).

행복
핵심개념 : 우리가 가진 것에 감사하기
행복이란 우리가 갖지 못한 것에 초점을 맞추는 것이 아니라, 지금 가진 것에 감사하는 것이다. 지금 가진 것에 감사하는 사람들은 행복하다(빌 4:12, 살전 5:18, 딤전 6:6-8을 보라).

재미
핵심개념 : 제약 받지 않는 자연스러움
재미를 얻는 비결은 외모에 치중하는 것처럼 비성경적인 방해물을 제거하는 데 있다(삼하 6:20-23, 롬 14:22, 갈 1:10, 5:1을 보라).

안전
핵심개념 : 영원과 관계 맺기
불안이란 우리가 영원한 것을 의지하지 않고 잠시 있다가 없어질 것에 의지할 때 생기는 병이다(요 10:27-30, 롬 8:31-39, 엡 1:13-14을 보라).

평화
핵심개념 : 내적 질서의 확립
하나님의 평화는 내적인 평화이지 외적인 평화가 아니다(사 32:17, 렘 6:14, 요 14:27, 빌 4:6-7을 보라).

믿음의 길을 가기 위한 하나님의 인도

성공

핵심개념 : 목표

여러 번 도덕적 과오를 범한 적이 있는 한 여성이 최근 겪고 있는 어려움 때문에 목사님에게 면담을 요청했다. 이 여성은 요한삼서 2절, "……네가 범사에 잘되고 강건하기를 내가 간구하노라"는 말씀을 인용하면서 "하나님은 번영과 성공과 건강을 약속하셨는데 왜 저는 이런 것을 경험하지 못할까요?"라고 물었다. 그는 특정 부분만 보고 전체 구절을 읽지 못했던 것이다. 그 말씀은 "사랑하는 자여 네 영혼이 잘됨 같이……"라고 시작한다. 그 여성은 자기 영혼의 상태만큼 성공을 경험하고 있었던 것이다.

우리가 이 세상의 눈으로는 완전히 실패한 사람일지라도 하나님의 눈에는 성공한 사람일 수 있다는 사실을 명심하라. 마찬가지로 이 세상의 관점에서는 성공한 사람이지만, 영원의 눈으로 볼 때는 완전히 실패한 사람일 수도 있다. 성공이란 목표에 따라 다른 것이며, 모두 같은 목표를 갖고 있는 것도 아니다. 성공의 범주에서 스스로 낮은 점수를 매겼다면 우리는 인생의 목표를 잘 이루지 못하고 있는 것이다. 만약 목표를 잘 이루지 못하고 있다면, 우리는 과연 올바른 방향으로 나아가고 있는지 살펴보아야 한다.

그러나 모든 사람에게 공통의 목표가 있다.

그의 신기한 능력으로 생명과 경건에 속한 모든 것을 우리에게 주셨으니 이는 자기의 영광과 덕으로써 우리를 부르신 자를 앎으로 말미암음이라 이로써 그 보배롭고 지극히 큰 약속을 우리에게 주사 이 약속으로 말미암아 너희로 정욕을 인하여 세상에서 썩어질 것을 피하여 신의 성품에 참예하는 자가 되게 하려 하셨으니 이러므로 너희가 더욱 힘써 너희 믿음에 덕을, 덕에 지식을, 지식에 절제를, 절제에 인내를, 인내에 경건을, 경건에 형제 우애를, 형제 우애에 사랑을 공급하라 이런 것이 너희에게 있어 흡족한즉 너희로 우리 주 예수 그리스도를 알기에 게으르지 않고 열매 없는 자가 되지 않게 하려니와 이런 것이 없는 자는 소경이라 원시치 못하고 그의 옛 죄를 깨끗케 하심을 잊었느니라 그러므로 형제들아 더욱 힘써 너희 부르심과 택하심을 굳게 하라 너희가 이것을 행한즉 언제든지 실족지 아니하리라(벧후 1:3-10).

하나님의 목표는 어디에서 시작하는가? 하나님은 이미 우리를 위해 이루신 사역을 기초로 하여, 우리가 누구인지부터 시작하신다. 하나님은 우리에게 "생명과 경건"을 주셨다. 우리는 죄를 용서받았고 성화(하나님의 형상을 이루어 가는 것)의 길을 가고 있다. 우리는 이미 하나님의 성품에 참여하는 자가 되었으며, 죄의 파멸에서 구원을 받았다. 얼마나 놀라운 출발인가!

이제 우리의 기본 과제는 하나님의 성품, 곧 덕과 지식과 절제와 인내와 경건과 형제 우애와 사랑을 덧입어 부지런히 우리 삶에 적용하는 것이다. 하나님의 목표에 초점을 맞추면 결국 성공하게 되는데, 이 성공은 하나님의 관점에서 보는 성공이다. 베드로는,

훈련을 통해 이런 자질들을 얻게 되면 우리가 유용하고 열매 맺으며 실족하지 않을 것이라고 약속한다. 이것이 진정한 성공과 존재 가치의 확실한 기초가 된다. 우리가 이런 상태에 이르는 것을 방해할 수 있는 사람은 아무도 없다.

이 목록에 재능, 지능, 은사 같은 것은 언급되지 않는다는 점에 주목하라. 이런 것들은 모든 성도에게 평등하게 분배되는 것이 아니다. 우리의 정체성과 가치는 이런 자질에 의해서 결정되지 않는다. 우리가 가진 정체성의 기초는 그리스도이고, 우리가 가진 성품이 얼마나 성숙한지에 있다. 그러므로 이 두 가지는 그리스도인이라면 누구에게나 평등하게 부여된다. 하나님이 원하시는 성품에 이르려고 결단하지 않는 그리스도인은 실패하는 슬픈 인생이 된다. 베드로에 따르면 이들은 이전에 죄에서 정결하게 된 것을 망각한 사람들이다. 그들은 그리스도 안에서 자신이 누구인지 잊어버린 사람들이다.

성공에 대한 또 다른 유익한 관점은 이스라엘 백성을 이끌고 약속의 땅으로 들어간 여호수아의 경험에서 찾아볼 수 있다. 하나님은 그에게 이렇게 말씀하셨다.

오직 너는 마음을 강하게 하고 극히 담대히 하여 나의 종 모세가 네게 명한 율법을 다 지켜 행하고 좌로나 우로나 치우치지 말라 그리하면 어디로 가든지 형통하리니 이 율법책을 네 입에서 떠나지 말게 하며 주야로 그것을 묵상하여 그 가운데 기록한 대로 다 지켜 행하라 그리하면 네 길이 평탄하게 될 것이라 네가 형통하리라(수 1:7-8).

여호수아는 다른 사람이나 좋은 환경 때문에 성공하였는가? 그렇지 않다. 그에게 성공은 완전히 하나님의 말씀에 따라 사는 일에 달려 있었다. 여호수아가 하나님의 말씀을 믿고 그분이 명하신 대로 행한다면, 그는 성공할 것이다. 얼마나 단순한가! 그러나 하나님은 즉시 여호수아를 특이한 전쟁으로 인도하여 시험하신다. 그 전쟁은 여리고를 함락하는 것이었다. 성을 일곱 번 돌고 마지막에 나팔을 부는 전술은 오늘날은 물론, 여호수아 시대에도 입증되지 않은 방법이었다.

여호수아의 성공은 하나님의 계획이 얼마나 어리석은가에 상관없이, 그가 하나님께 순종하는가 그 여부에 달려 있었다. 여호수아 6장에 기록된 대로, 여호수아의 성공은 전투의 상황과는 관계없이 오직 순종에 관련된 일이었다. 성공이란 우리 인생을 향한 하나님의 목표를 수용하는 것이며, 우리는 그의 은혜로 이 목표를 이루게 된다.

중요성[의미]
핵심개념 : 시간

중요하다는 것은 시간의 개념이다. 시간이 지나면서 잊혀지는 것들은 별 의미가 없다. 그러나 영원히 기억되는 것은 대단한 의미를 지닌다고 할 수 있다. 바울은 고린도 성도들에게 이렇게 썼다. "만일 누구든지 그 위에 세운 공력이 그대로 있으면 상을 받고"(고전 3:14). 또한 바울은 디모데에게 이런 교훈을 했다. "오직 경건에 이르기를 연습하라 …… 경건은 범사에 유익하니 금생과 내생에 약속이 있느니라"(딤전 4:7-8). 우리가 의미 있는 존재가 되기를 원한다면 우리의 정력을 의미 있는 활동, 즉 영원히 남을 만한 일에 쏟아 부으라.

세상이 중요하다고 여기는 것을 하나님의 말씀과 비교해 보면 어떨지 생각해 본 적이 있는가? 월드컵의 스타가 요즘 신문의 머리기사를 장식하지만, 25년 전에는 누가 유명한 선수였는가? 누가 그때를 기억하는가? 십대들은 지금 록밴드에 열광하지만, 20년이 지나면 그 밴드는 어디로 가겠는가? 우리는 기록들을 보관하고 기념비를 세우지만, 한 세대가 가면 이전보다 더 나은 업적들이 나오고 그 기억들은 희미해진다.

반면에 그리스도인은 영원한 하나님 나라의 일을 한다. 주일학교에서 아이들을 가르치는 일을 대수롭지 않게 생각하는 사람도 있겠지만, 사실 우리는 아이들에게 진리를 가르치는 것이다. 그들이 믿기로 선택하는 것은 영원한 결과로 이어진다. 예배 시간에 유아실에서 봉사하는 것이 사소한 일처럼 보이지만, 그런 봉사 덕분에 어머니들과 아버지들이 하나님께 정숙하게 예배를 드리고 교훈을 얻는다. 하나님의 자녀 가운데 중요하지 않은 사람은 없으며, 하나님의 나라에 중요하지 않은 사역은 없다.

성취

핵심개념 : 역할

우리가 심겨진 곳에서 꽃을 피울 때 성취를 맛본다. 베드로는 "각각 은사를 받은 대로 하나님의 각양 은혜를 맡은 선한 청지기같이 서로 봉사하라"(벧전 4:10)고 썼다. 그리스도 안에서 우리의 고유성을 발견하고, 우리의 은사와 재능을 사용하여 다른 사람을 세우고 주께 영광을 돌리는 것이 바로 성취이다.

항공우주 기술자였던 어떤 사람이 주를 영접하였다. 그는 하나님께서 그가 직장에서 그리스도의 대사가 되기를 원하신다는 것을 알고, 사무실 옆의 볼링장에서 아침 성경공부를 시작했다. 성경공부를 한다는 광고가 붙은 지 한 시간도 안 되어서, 유대인 친구 하나가 그 광고를 뜯어 가지고 그 기술자에게 왔다. "여기에 예수를 들여올 수는 없소"라며 그는 반대했다.

"다른 방법이 없네요." 그 기술자가 대꾸했다. "날마다 내가 여기에 들어오면 예수님이 나와 함께 들어오시거든요." 아직 그리스도인이 되지 않은 그 유대인은 이런 대답에 시큰둥했다.

이 성경공부를 통해 그리스도를 발견한 한 사람이 그 직장에서 능력 있는 간증을 했다. 이 사람은 어디 가든지 사람들에게 전도지를 전했다. 이 모임을 시작한 기술자가 퇴직하고 신학교를 가게 되자, 이 새로운 초신자가 성경공부 그룹을 맡게 되었다.

몇 개월이 지난 후, 이제는 신학생이 된 전직 기술자가 성경공부 그룹을 찾아왔을 때, 그 인도자가 물었다. "그 유대인 친구 기억하세요?"

"물론 기억하죠." 그는 그때를 기억했다. 성경공부를 방해하던 그 사람을 어찌 잊을 수 있겠는가?

"글쎄, 그 친구가 병이 들어 거의 죽게 되었어요. 저는 날마다 병원으로 그를 찾아갔어요. 제가 그를 주님께로 인도했는데 정말 기쁜 일이죠?" 전직 기술자는 그날 영적으로 할아버지가 된 것이다. 이 모든 일은 그가 직장에서 바울이 기록한 대로 "너는 모든 일에 근신하여 고난을 받으며 전도인의 일을 하며 네 직무를 다하라"(딤후 4:5)는 말씀을 좇아 그냥 성경공부를 시작한 데서 이루어졌다.

하나님은 우리가 감당할 고유한 사역을 준비해 놓으셨다. 우리가 성취를 맛보기 위해서는 우리를 부르신 하나님의 뜻을 깨닫는 것이 중요하다. 여기서 핵심은 다른 사람이 대신할 수 없는 나만의 고유한 역할을 발견하고, 그것을 발견했으면 하나님이 원하시는 이 역할을 감당하기로 결단하는 데 있다. 예를 들면, 우리는 60억 세계 인구 가운데 남편으로, 아내로, 어머니로, 부모로 가정에서 고유한 역할을 맡고 있다. 하나님은 우리를 가정이라는 고유한 환경에서 하나님을 섬기도록 우리를 심어 놓으셨다.

게다가 우리는 우리의 이웃을 특별히 아는 유일한 사람이다. 또 직장에서는 그리스도의 대사로 특별한 역할을 감당하고 있다. 이런 곳이 우리의 선교지이며, 우리는 하나님이 약속하신 대로 그곳에 보내신 추수할 일꾼이다. 우리가 최선을 다하여 하나님이 준비하신 이 고유한 곳에서 자리를 지키고 일할 때, 우리는 최대의 성취를 느낄 수 있다. 슬프게도 많은 사람들이 각자 인생의 소명을 찾지 못하고, 세상의 일을 성취하려고 노력한다. 이 세상에서 그리스도의 대사가 되기로 결단하고, 하나님 나라에서 성취할 일을 찾으라(고후 5:20을 보라).

만족

핵심개념 : 삶의 질

만족이란 의롭게 살면서 우리가 연관된 인간관계나 봉사 혹은 일에서 질을 높이려고 추구하는 것이다. 예수님은 "의에 주리고 목마른 자는 복이 있나니 저희가 배부를 것임이요"(마 5:6)라고 말씀하셨다. 이 말씀을 믿는가? 믿는다면 우리는 지금 어떻게 살고 있어야 하는가? 의에 주리고 목말라해야 한다. 만일 그렇지 않다면 우리는 진정으로 믿고 있는 것이 아니다.

우리가 어떤 사람이나 어떤 일에 불만을 느끼는 이유는 무엇인가? 사람들에게 언제 불만을 느끼는지 물어보라. 틀림없이 그들은 인간관계나 봉사나 일의 질이 떨어졌을 때라고 대답할 것이다.

만족이란 질의 문제이지 양의 문제가 아니다. 우리는 몇 가지의 일을 잘해서 큰 만족을 느낄 수 있지만, 많은 일을 급하고 분주하게 해서는 만족을 느끼지 못한다. 개인적인 만족의 열쇠는 우리가 활동하는 범위를 넓히는 것이 아니라, 질을 추구하는 마음으로 깊이를 더하는 데 있다.

관계에 있어서도 마찬가지다. 인간관계에서 불만을 느낀다면 아마도 관계의 깊이가 없기 때문일 것이다. 솔로몬은 이런 기록을 남겼다. "많은 친구를 얻는 자는 해를 당하게 되거니와 어떤 친구는 형제보다 친밀하니라"(잠 18:24). 서로에게 의미 있는 몇몇 친구를 사귀는 것이 만족하는 길이다.

우리 주님은 그 본을 보여주셨다. 예수님은 큰 무리에게 교훈하시고, 70명을 세워 사역하게 하셨지만, 오직 열두 제자만을 위하여 대부분의 시간을 사용하셨다. 그리고 열두 제자 중에서도 베드로와 요한과 야고보를 택하여 함께 변화산에도 가시고 감람산과 겟세마네 동산에도 가셨다. 십자가에서 고통 받으실 때 예수님은 그 어미니를 요한에게 부탁하셨다(요 19:26-27을 보라). 이런 모습들이 질적으로 높은 관계이며, 우리는 모두 이런 질적인 관계 속에서 나오는 만족을 원한다.

행복

핵심개념 : 우리가 가진 것에 감사하기

세상이 알고 있는 행복의 개념은 우리가 원하는 것을 얻는 것이다. 부유한 사람들은 우리에게 멋진 자동차나 고급 향수, 그 외에도 많은 물건들, 다시 말해 우리가 지금 가진 것보다 더 좋고 더 빠른 것을 가지라고 가르친다. 우리는 상품을 보거나 광고를 읽고 나서는 안절부절못하여 이 번쩍이는 최신 유행의 물건을 갖고 싶어한다. 그러나 이런 것들은 모두 헛된 것이다. 우리가 참으로 원하는 것을 갖기 전까지 우리는 진정으로 행복할 수 없다.

오늘날 소비지상주의가 판치는 이 사회에서 진정한 행복은 다음의 문장으로 간단히 정리될 수 있다. "자신이 갖고 있는 것에 만족하는 자들은 행복하나니." 우리가 소유하지 못한 것에 집중하는 한, 우리는 불행하다. 그러나 우리가 지금 갖고 있는 것에 감사하기 시작하면, 우리의 남은 인생은 내내 행복할 것이다. 바울은 이렇게 기록했다. "그러나 자족하는 마음이 있으면 경건이 큰 이익이 되느니라 우리가 세상에 아무것도 가지고 온 것이 없으매 또한 아무것도 가지고 가지 못하리니 우리가 먹을 것과 입을 것이 있은 즉 족한 줄로 알 것이니라"(딤전 6:6-8).

사실 우리는 이미, 영원히 행복할 수밖에 없는 모든 것을 소유하고 있다. 우리는 그리스도를 갖고 있다. 우리는 영생을 갖고 있다. 우리에게 필요한 모든 것을 공급해 주겠다고 약속하신 하나님 아버지의 사랑을 받고 있다. 그러므로 성경이 우리에게 감사하라고 명령하는 것은 당연하다(살전 5:18을 보라). 우리가 정말 행복하기 원한다면, 우리는 지금의 삶에 만족하고 그리스도 안에서 이미 우리가 가지고 있는 것에 감사해야 한다.

재미

핵심개념 : 제약 받지 않는 자연스러움

재미란 무엇에 제약을 받지 않는 자연스러움이다. 거창한 행사를 계획한 적이 있는가? 그러나 돌이켜 보면, 거추장스러운 것들을 모두 던져 버리고 자연스러운 상황이었을 때가 가장 재미있었을 것이다. 세상 사람들도 재미가 있으려면 모든 것을 던져 버려야 한다는 사실을 안다.

그리스도인으로서 자연스런 재미를 즐기는 비결은 성경적이지 못한 제약들을 제거하는 데 있다. 이런 제약들 중에 최우선으로 제거해야 할 것은 외모를 치장하려는 경향이다. 우리는 어떤 장소에 어울리지 않거나 다른 사람보다 처지게 보이고 싶지 않아서, 자신을 꾸며 자연스러움을 막고 사람을 기쁘게 하려고 한다. 사람을 기쁘게 하려는 사람은 그리스도를 섬기는 것이 아니라고 바울은 말했다(갈 1:10을 보라). 그들은 아무런 기쁨도 없이 씁쓸하게 외친다. "사람들이 보면 뭐라고 할까?" 그러나 그리스도 안에서 자유를 누리는 사람들은 "사람들이 뭐라 하든 상관없어. 나는 하나님이 뭐라고 하실지 그게 더 중요해. 나는 이미 관중들의 환호나 코지의 눈치를 보며 경기하는 짓을 예전에 그만두었거든"이라는 반응을 보인다.

다윗 왕의 자연스런 즐거움은 사랑스럽다. 그는 법궤가 예루살렘으로 돌아오는 것이 너무 좋아 주님 앞에서 축하하며 뛰고 춤을 추었다(삼하 6:12-15을 보라). 하나님의 임재 안에 기쁨이 있다는 것을 그는 알고 있었다. 그러나 잔치를 좋아하지 않는 아내 미갈은 이런 행동이 왕으로서 걸맞지 않다고 생각하여 아주 분명한 어투로 왕에게 일렀다(20절을 보라). 다윗은 "참 안타깝구려. 나는 사람들 앞이 아니라 하나님 앞에서 춤을 추었소. 누가 뭐라든지 나는 계속 춤을 출 것이오"라고 말했다(21절을 보라). 그 결과 하나님이 정죄하신 사람은 다윗이 아니라 미갈이었다(23절을 보라). 사람들을 기쁘게 하기보다 하나님을 기쁘게 하는 것이 훨씬 재미있다.

안전

핵심개념: 영원과 관계 맺기

불안이란 일시적인 것에 의지할 때 생기는데, 우리는 이 불안을 제어할 능력이나 권리가 없다. 하나님이 이 세상의 토대를 흔들고 계시다는 사실을 알고 있는가? 불안은 온 세상의 문제이다. 이 타락한 세상에 장차 험난한 날이 이를 것이다. 이런 것을 예상하는 데 무슨 천재성이 필요한 것은 아니다.

우리의 안전은 오직 그리스도 안에 있는 영원한 생명에 있다. 예수님은 아무도 우리를 그의 손에서 빼앗을 자가 없다고 하셨다(요 10:27-29을 보라). 바울은 아무것도 우리를 그리스도 안에 있는 하나님의 사랑에서 떼어놓을 수 없다고 선언했고(롬 8:35-39), 또 성령으로 그 안에서 인 침을 받았다고 했다(엡 1:13-14). 우리에게 이것보다 더 안전한 것이 있겠는가? 우리가 지금 가지고 있는 '모든 것'은 언젠가 모두 사라질 것들이다. 짐 엘리엇Jim Elliot는 "영원히 잃어버릴 수 없는 것을 얻기 위해 영원히 간직할 수 없는 것을 포기하는 자는 바보가 아니다"라는 말을 했다.1 바울은 이렇게 썼다.

> 그러나 무엇이든지 내게 유익하던 것을 내가 그리스도를 위하여 다 해로 여길 뿐더러 또한 모든 것을 해로 여김은 내 주 그리스도 예수를 아는 지식이 가장 고상함을 인함이라 내가 그를 위하여 모든 것을 잃어버리고 배설물로 여김은 그리스도를 얻[으려 함이니](빌 3:7-8).

평화
핵심개념 : 내적 질서의 확립

땅에는 평화, 인간에게는 만복! 이것은 모든 사람이 원하는 바가 아닌가? 이것은 훌륭한 소원이기는 하나, 잘못된 목표이다. 아무도 외적인 평화를 보장할 수 없는데, 이는 누구도 사람들이나 환경을 통제할 수 없기 때문이다. 국가 간에는 평화 협정이 계속 맺어지지만, 놀랍게도 이 협정들은 계속 깨지고 있다. 한쪽에서는 평화

주의자들이 행진을 하는데, 다른 한쪽에서는 행동을 촉구하는 시위대가 떼를 지어 걸어온다. 결국 그들은 들고 있던 현수막으로 서로를 치고받는다. 가정에서는 부부가 서로 "저 사람만 정신 차리면 우리 가정은 평화로울 텐데"라며 애석해한다.

하나님의 평화는 외부에 있지 않고 내부에 있다. 우리는 이미 하나님과 평화를 누리고 있다(롬 5:1). 하나님의 평화는 우리가 날마다 우리 안에서 적용해야 하는 것이다. 외적으로 이 세상에 어떤 풍랑이 몰아치더라도, 우리는 내적으로 하나님의 평화를 누릴 수 있다(요 14:27을 보라). 우리는 외부 환경이나 인간관계를 조종할 수 없기 때문에, 많은 일들이 외부 세계를 혼란스럽게 만들 수 있다. 그러나 우리는 하나님의 평화가 날마다 우리의 마음에 임하도록 하여 내적 세계인 우리의 생각과 감정을 조절할 수 있다. 우리는 혼돈의 세계에 둘러싸여 있으나 하나님은 이 모든 풍랑보다 더 위대하시다. 하나님이 우리 편이시기 때문에, 오늘 우리가 통제할 수 없는 일은 결코 일어나지 않는다. 개인적인 예배와 기도와 하나님의 말씀이 서로 어우러져 하나님의 평화를 경험할 수 있을 것이다 (빌 4:6-7, 골 3:15-16을 보라).

불신자들은 이렇게 말한다. "글쎄요, 아마 그 말이 맞는 것 같기도 해요. 그러나 나는 아직도 다른 걸 믿고 있어요." 이 사람들은 어떻게 살아가기로 작정하겠는가? 그들은 자신들의 머리가 사실이라고 인정하는 대로 살지 않고, 아직도 자신들이 믿고 있는 그대로 살아간다. 항상 그렇게 살아간다! 믿음으로 산다는 것은 단순히 하나님의 말씀을 사실로 믿기로 선택하고, 성령의 능력에 따라 살아가는 것이다. 좋으신 주님이 능력을 주셔서 그렇게 살 수 있기를 기원한다.

믿음의 삶을 살자

나에게 믿음의 삶을 살도록 동기를 부여한 다음의 내용을 읽고, 우리도 믿음의 삶을 살아가길 소원한다.

나는 '남부럽지 않은 무리'에 속해 있다. 나는 성령의 능력을 가졌다. 주사위는 던져졌고, 나는 그 선을 넘어 출발했다. 나는 결단했다. 나는 그의 제자이다. 나는 뒤돌아보지 않고, 그만두지 않고, 늦추지 않고, 뒷걸음치지 않고, 그냥 머물러 있지 않을 것이다. 내 과거는 모두 청산되었고, 내 현재는 의미 있으며, 내 장래는 안전하다. 나는 비굴하게 살고, 구경거리나 찾고, 사소한 계획이나 세우고, 편안하고, 평범한 꿈을 꾸고, 시시한 비전을 갖고, 이 세상 이야기나 하고, 인색하게 쓰고, 작은 목표만을 세우는 삶은 청산했다.

이제 나에게 명예, 번영, 지위, 승진, 박수갈채, 인기 같은 것들은 더이상 필요 없다. 나는 의롭다는 평판도, 일등도, 최고도, 남의 인정도, 칭찬도, 상도 필요 없다. 나는 이제 지금 있는 자리에서 믿음으로 배우며, 인내로 사랑하며, 기도로 힘을 얻으며, 능력으로 일하며 살고 있다.

내 눈은 목표에 고정되었으며, 내 걸음은 빠르며, 나의 목적지는 천국이며, 내 길은 좁고 험하며, 내 친구들은 많지 않으며, 내 표지판은 믿을 만하며, 내 임무는 분명하다. 나는 넘어가거나, 곁길로 빠지거나, 한눈을 팔거나, 뒤돌아서거나, 흐리멍덩하거나, 지체할 수 없다. 나는 희생을 두려워하고 피하거나, 난관에 봉착해서 주저하거나, 직과 마주 앉아 힘싱하거나, 인기에 현혹되어 허우적거리서나, 적당히 살자는 생각으로 길을 잃고 방황하지 않을 것이다.

나는 그리스도를 위하여 다 전하고, 다 기도하고, 다 갚고, 다 쌓고, 다 견디기까지 결단코 포기하거나, 갇혀 있거나, 적당히 지나거나, 소진해 버리지 않을 것이다.

나는 예수님의 제자이다. 나는 그분이 다시 오실 때까지 이 길을 갈 것이며, 빈털터리가 될 때까지 줄 것이며, 온 세상이 다 알 때까지 전할 것이며, 하나님이 나를 멈추게 하실 때까지 일할 것이다.

그가 다시 오셔서 자신의 사람을 부르실 때, 나를 몰라보시지 않을 것이다. 나는 분명하게 드러날 것이다.[2]

《연구》 1. 하나님의 말씀에 일관되게 살면서도 성공적인 정치가, 사업가, 과학자, 그리고 다른 분야의 전문가가 될 수 있다고 믿는가? 그 이유를 설명하라.
2. 그리스도인으로서 우리의 성공은 무엇에 달려 있는가?
3. 영원의 관점에서는 무의미한 것을 이 세상이 의미 있다고 여기는 것에는 무엇이 있는가?
4. 우리는 어떻게 더 풍성한 삶을 살 수 있는가?
5. 육신이 간절히 원하는 것 중에 영원히 만족되는 것이 있는가?
6. 우리를 만족케 하고, 계속해서 만족케 하는 것은 무엇인가?
7. 이 세상에서 정말 행복하려면 어떻게 해야 하는가?
8. 재미는 순간이지만, 주님의 기쁨은 영원하다. 어떻게 하면 주님의 기쁨을 경험하면서, 더 재미있게 살 수 있을까?
9. 무엇이 우리를 불안하게 하는가?
10. 어떻게 하면 우리는 더 안전할 수 있는가?
11. 목표와 욕망이 내적인 평안을 경험할 가능성과 어떤 관계가 있는가?
12. 우리는 어떤 종류의 평안을 소유하고 있으며, 어떻게 그 평안을 얻는가?

06 의 심 과 정 신 건 강

| Doubt and Mental Health |

> 의심하는 사람이 그 의심에 대하여 품고 있는 불만은, 그 의심 자체만큼이나 엄청나고 광범위하다.
>
> 잰 드위트

평정을 잃을까봐 두렵다. 나는 아버지가 두렵고, 하나님이 두렵고, 사람들이 나를 어떻게 생각할까 두렵다. '그 일'이 내게 닥칠까 두렵다. 부모님이 나를 난처하게 만들까봐 두렵고, 나 스스로 난처한 상황에 빠질까봐 두렵다. 심장이 멎을 것만 같다. 내가 사람들이 다 보는 앞에서 사표를 쓰게 되면 사람들이 수군댈 거야, 그런 일이 있으면 안 되는데……. 내가 발코니에서 뛰어내릴까봐 무섭고, 죽는 것이 두렵다. 죽지 않는 것도 두렵다. 나는 친구들에게 그리 후한 편이 못 되며, 하나님께도 마찬가지다. 나는 곧 정체가 드러날 것이다. 벽에 비친 그림자가 두렵다. 내 창 밖에서 누군가 나를 기다린다. 나는 나 자신이 두렵다. 나는 별 재능이 없다. 외모가 아름답지도 않다. 나는 미쳐 버리고 말 것이다. 나는 모든 일을 다 처리하지는 못한다. 숨이 막힐 것 같다. 나는 모자라는 사람이다. 나는 미칠지도 모른다. 사람들이 나를 가두고, 아무도 나를 돌보지 않을지도 모른다. 내 정체가 밝혀지면 사람들은 나를 좋아하지 않을 것이다. 나는 상처를 입을 것이다. 나는 부자가 아니다. 나는 강하지 않다. 내가 정말 누구인지 알게 되면 아무도 나를 사랑할 수 없을 것이다. 나는 이런 나 자신이 두렵다. 나는 자아가 없는 것 같아 두렵다. 나는 실패할까봐 두렵다. 내가 성공한다면, 무슨 불길한 일이 생길까? 그런 일이 일어나지 않는다면 어쩌나? 그 일이 일어나면 어쩌나? 나는 왜 이렇게 두려워하는가?[1]

매사를 의심하는 사람의 생각이다. 지난 세기 초반에는 이것이 병으로 여겨졌다. 이 병은 자의식이 극도로 예민해져 의심하고 주저하는 것이 특징이었다. 오늘날 이러한 증세는 불안 장애 또는 강박 장애로 진단된다. 불안은 세계적으로 정신 건강에 있어 1위를 차지하는 문제이며, 그 뒤를 따르는 우울증은 정신질환 중에서는 감기처럼 흔한 문제이다. 우울증은 무리한 염려나 근심이 그 원인인 경우도 있다.

무리하게 의심하는 사람은 행동상의 문제보다 정신적 갈등이 더 문제가 된다. 다시 말해 이들은 강요하기보다는 자기 고민에 사로잡혀 있는 것이다. 일반적으로 정신적인 강박 상태에서는 결코 만족할 수 없는 문제에 착념하게 된다. 믿기로 결정하고 그 믿음으로 살기로 작정하지 않고, 그들은 불확실한 것에 자신을 가둔다.

이런 정신적인 문제에 대하여 성경은 분명 침묵하지 않는다. 구약에는 이런 기록이 나온다. "엘리야가 모든 백성에게 가까이 나아가 이르되 너희가 어느 때까지 두 사이에서 머뭇머뭇 하려느냐 여호와가 만일 하나님이면 그를 좇고 바알이 만일 하나님이면 그를 좇을지니라"(왕상 18:21). 신약에서 야고보는 이렇게 썼다.

너희 중에 누구든지 지혜가 부족하거든 모든 사람에게 후히 주시고 꾸짖지 아니하시는 하나님께 구하라 그리하면 주시리라 오직 믿음으로 구하고 조금도 의심하지 말라 의심하는 자는 마치 바람에 밀려 요동하는 바다 물결 같으니 이런 사람은 무엇이든지 주께 얻기를 생각하지 말라 두 마음을 품어 모든 일에 정함이 없는 자로다(1:5-8).

이런 구절은 대부분 우리에게는 도전이 되지만, 강박관념에 사로잡힌 사람들에게는 오히려 불안을 가중시킨다. '나는 충분히 믿고 있는가? 나는 믿음으로 간구했는가? 하나님은 내 기도를 들으시는가? 나는 진정한 그리스도인인가?' 의심하며 살아가는 사람의 비참함은, 의심하는 사람과 함께 사는 사람의 절망보다 더 심각하다. 자신의 의심 때문에 생기는 불만은 의심 그 자체만큼이나 엄청나고 광범위하다.

이런 정신 건강의 문제를 해결하는 것은 이 책의 범주를 벗어나는 일이지만, 나는 이런 문제를 다른 저서에서 다루었다. 불안은 《불안에서 자유로Freedom from Fear》(Harvest House Publishers, 1999)

에서, 우울증은 《다시 찾은 희망Finding Hope Again》(Regal Books, 1999) 에서, 그리스도 안에서 우리가 가진 특권을 이해하지 못한 결과로 오는 열등감은 《부정적인 자아상을 극복하기 위한 내가 누구인지 이제 알았습니다》(죠이선교회 역간)에서 다루었다. 다음 장에서는 마음에서 일어나는 영적인 전쟁을 다루려고 한다. 이번 장에서는 여러 자료들을 가지고, 의심과 정신 건강에 관련된 핵심 사항을 나누려고 한다.

정체성과 가치감

30년이 넘도록 다양한 문제를 가지고 있는 수많은 사람들을 만나 상담하면서, 나는 그들에게서 한 가지 공통분모를 발견했다. 그것은 바로, 그들이 그리스도 안에서 자신이 누구이며 하나님의 자녀가 된다는 것이 어떤 의미인지 모른다는 점이었다. 그들은 "아바 아버지"(갈 4:6)라는 말의 진정한 의미를 모른다. 만약 성령이 우리 영과 함께 우리가 하나님의 자녀인 것을 증거한다면(롬 8:16을 보라), 왜 내가 상담한 사람들은 그것을 알지 못했을까? 영적으로 살아 있다는 것은 내 속의 자아 또는 내 영이 하나님과 연합되어 있다는 뜻이다. 우리 안에 성령이 거하시므로 우리는 하나님의 성전이 되었다(롬 8:10-11을 보라).

영적인 생명이란 우리가 하나님과 연합한 상태로, 신약에서는 보통 그리스도 안에 있다는 말로 묘사된다. 그리스도가 우리 안에 있다는 구절보다 우리가 그리스도 안에 있다는 구절이 10배나 많다. 진정한 신자는 그리스도 안에 살아 있다는 것이 바울의 기본적인 가르침이다.

> 이를 인하여 내가 주 안에서 내 사랑하고 신실한 아들 디모데를 너희에게 보내었노니 저가 너희로 하여금 **그리스도 예수 안에서** 나의 행사 곧 내가 각처 각 교회에서 가르치는 것을 생각나게 하리라(고전 4:17).

그리스도가 그 영광의 풍성한 가운데 우리 모든 쓸 것을 채우신다고 바울은 가르친다(빌 4:19을 보라). 가장 기본적인 필요는 '존재'와 관련된 것으로 생명 그 자체, 정체성, 용납, 안전, 중요성 같은 것이다. 아담과 하와가 타락하면서 잃은 것은 생명이었고, 예수님이 우리에게 오셔서 주려고 하신 것도 생명이었다(요 10:10을 보라). 우리는 이 타락한 세상에서 우리의 이름을 내려고 노력했고, 아마 지금도 그 노력을 하고 있을지 모르지만, 잊지 말아야 할 것은 "영접하는 자 곧 그 이름을 믿는 자들에게는 하나님의 자녀가 되는 권세를 주셨으니"(요 1:12), "보라 아버지께서 어떠한 사랑을 우리에게 주사 하나님의 자녀라 일컬음을 얻게 하셨는고"(요일 3:1)라는 말씀이다. 다음 구절들을 잘 읽고, 용납과 안전과 의미를 찾는 우리의 필요가 어떻게 이미 채워졌는지를 살펴보라.

그리스도 안에서

나는 그리스도 안에서 용납되었다

요 1:12	나는 하나님의 자녀이다.
요 15:15	나는 그리스도의 친구이다.
롬 5:1	나는 의롭게 되었다.
고전 6:17	나는 주님과 연합하여 한 영이 되었다.
고전 6:20	나는 값을 치르고 사신 바 되었으니, 나는 하나님께 속하였다.
고전 12:27	나는 그리스도의 몸의 한 지체이다.
엡 1:1	나는 성도이다.
엡 1:5	나는 하나님의 자녀로 입양되었다.
엡 2:18	나는 성령을 통하여 하나님께 직접 나아갈 수 있다.
골 1:14	나는 속량(구속)되었고 내 모든 죄를 용서받았다.
골 2:10	나는 그리스도 안에서 충만함을 받았다.

나는 그리스도 안에서 안전하다

롬 8:1-2	나는 모든 정죄를 벗어났다.
롬 8:28	나는 모든 것이 합력하여 선을 이룰 것을 확신한다.
롬 8:33-34	나는 내게 대한 모든 송사로부터 자유하다.
롬 8:35	나는 하나님의 사랑으로부터 끊어질 수 없다.
고후 1:21-22	나는 하나님에 의해 세움 받았고 기름부음 받았으며 인침을 받았다.

빌 1:6	나는 하나님이 내 안에 시작하신 착한 일이 완성될 것을 확신한다.
빌 3:20	나는 천국의 시민이다.
골 3:3	나는 그리스도와 함께 하나님 안에 감추어져 있다.
딤후 1:7	나는 두려워하는 영이 아니라 능력과 사랑과 건강한 마음을 받았다.
히 4:16	나는 필요할 때마다 은혜와 자비를 얻을 수 있다.
요일 5:18	나는 하나님께로서 났으며 악한 자가 나를 건드리지도 못한다.

나는 그리스도 안에서 중요한 인물이다

마 5:13-14	나는 세상의 빛과 소금이다.
요 15:1, 5	나는 참 포도나무의 가지요, 하나님의 생명의 통로이다.
요 15:16	나는 택함을 받아 열매를 맺도록 지정되었다.
행 1:8	나는 그리스도를 인격적으로 증거하는 사람이다.
고전 3:16	나는 하나님이 거하시는 성전이다.
고후 5:17-20	나는 사람들을 하나님과 화목하게 하는 직책을 맡았다.
고후 6:1	나는 하나님의 동역자이다.
엡 2:6	나는 그리스도와 함께 하늘에 앉아 있다.
엡 2:10	나는 하나님의 작품이다.
엡 3:12	나는 자유와 확신을 가지고 하나님께 나아갈 수 있다.
빌 4:13	나는 내게 힘 주시는 그리스도 안에서 모든 것을 할 수 있다.

불안

우리 각 사람은 그리스도 안에 영적으로 살아 있고 우리의 영은 하나님과 연합되어 있는데, 우리는 어찌하여 아직도 의심과 두려움과 불안으로 전전긍긍하는가? 그 해답은 두 가지인데, 마치 동전의 양면과 같다. 첫째로 긍정적인 측면에서 보면, 어느 정도의 두려움은 우리의 안전과 생존을 위해 필수적이다. 우리는 우리가 돌보는 일들에 대하여 염려하고 관심을 갖는 것이 당연하다. 둘째로 부정적인 측면에서 보면, 우리의 마음은 하나님과 독립적으로 살도록 프로그램되어 있다. 우리가 그리스도를 영접하기 전에 배운 모든 것들은 우리의 기억 속에 그대로 저장되어 있는데 여기에는 삭제delete 버튼이 없다. 그래서 바울은 이렇게 기록했다.

> 너희는 이 세대를 본받지 말고 오직 마음을 새롭게 함으로 변화를 받아 하나님의 선하시고 기뻐하시고 온전하신 뜻이 무엇인지 분별하도록 하라(롬 12:2).

신약에서 불안을 의미하는 주요 단어는 '메림나*merimna*'인데, 이 단어는 긍정적 의미와 부정적 의미를 모두 포함한다. 이 단어는 신약에서 모두 25회 사용되었는데, 그 중 5회는 돌본다는 의미로 쓰였고, 나머지 20회는 이리저리 마음이 나뉘고 염려한다는 부정적인 의미로 사용되었다. 이 단어의 어근인 '메리조*merizo*'는 여러 방향으로 이끌리거나, 정신이 분산된다는 의미이다. '메림나'가 동사인 '메림나오merimnao' 로 사용될 때는, '메리조' 나 정신을 의미하는 '누스nous' 라는 명사와 연계하여 나타난다. 그래서 아마도 킹제임스역KJV 영문판은 마태복음 6장 25절과 28절의 '염려하다' 라는 부분을 '생각하다take thought' 라고 번역한 것 같다.

부정적인 의미에서 불안하다는 것은 두 마음을 가졌다는 말이다. 두 마음을 품은 자들은 그 길이 평안하지 못하다고 가르치는 성경 구절을 우리는 기억할 필요가 있다(약 1:8을 보라). 이 사실은 또한 마태복음 6장 24-25절에도 분명하게 나타난다.

한 사람이 두 주인을 섬기지 못할 것이니 혹 이를 미워하며 저를 사랑하거나 혹 이를 중히 여기며 저를 경히 여김이라 너희가 하나님과 재물을 겸하여 섬기지 못하느니라 그러므로 내가 너희에게 이르노니 목숨을 위하여 무엇을 먹을까 무엇을 마실까 몸을 위하여 무엇을 입을까 염려하지[불안해하지] 말라 목숨이 음식보다 중하지 아니하며 몸이 의복보다 중하지 아니하냐.

예수님에 따르면 그 해답은, 우리가 먼저 하나님의 나라를 구하고 우리의 하늘 아버지께 우리를 돌보시도록 의탁하는 데 있다.

하나님의 계획

우리는 모두 죄와 허물 가운데 죽은 채 태어났기 때문에, 우리 삶에는 하나님의 임재도 없고 하나님의 길을 아는 지식도 없었다. 그 결과 우리는 하나님 없이 독립적으로 살아갈 방법을 배운다. 여기서 이것을 B계획이라고 부르자. B계획은 인간이 가진 이성과 직관과 경험에 의해 살아가는 우리의 방법이다. 우리가 예수님을 우리의 생에 모셔들이기 전까지 우리에게는 B계획밖에 없었다.

A계획은 하나님의 방법인데, 우리는 믿음으로 이 계획을 받아들인다. 하나님의 말씀을 공부하고 믿기로 선택함으로써 하나님의 방법을 배우게 되는데, 이는 오직 하나님이 우리 안에 거하셔야 가능한 일이다. 사도 바울은 "육에 속한 사람은 하나님의 성령의 일을 받지 아니하나니 저희에게는 미련하게 보임이요 또 깨닫지도 못하나니 이런 일은 영적으로라야 분변함이니라 …… 그러나 우리가 그리스도의 마음을 가졌느니라"(고전 2:14, 16)고 말했다. 성령이 우리를 모든 진리 가운데로 이끄신다(요 16:13을 보라).

하나님의 계획은 우리가 살아가기에 더 좋은 길일 뿐 아니라 우리 안에 하나님이 거하신다는 의미다. 그리스도의 생명이 없다면 우리는 그리스도의 말씀을 따라 성공적인 삶을 살 수 없다. 우리의 마음은 하나님에게서 독립해서 살아가도록 되어 있기 때문에, 우리는 하나님 없이 어떻게 대처하고 성공하고 살아남는지를 과거에 이미 배웠고, 그러는 중에 갖가지 공포와 불안과 의심과 불확실 등을 키우게 되었다. 영생이 없다면 우리가 어떻게 죽음을 두려워하지 않겠는가? 우리가 그리스도 안에서 안전하지 않다면, 어떻게 내일이 불안하지 않겠는가? 우리는 다 부정하고 살아가든지 아니면 될 대로 되라는 식으로 살 것이다. 하나님이 없다면 우리는 자신의 제한된 자원을 의지하며 살 도리밖에 없다. 하나님과 함께하면 우리는 그의 무한한 자원을 의지하여 성공적으로 살 수 있다.

거짓된 안전

B계획은 언제나 우리의 마음 깊은 곳에 도사리고 있다. 이 육신의 방법과 방어 구조는 강력하여 언제나 하나님 없이 인생의 문제를 해결하도록 그 방법을 제시한다. 고민하는 그리스도인이 이렇게 묻는다. "나는 온전히 하나님만 의뢰할 수 있을까? 아니면 기도는 하되, 내 인생이니까 내가 모든 걸 책임지고 살아가야 할까?" 우리가 가진 자원만 믿고서, 스스로 자신을 방어하고 필요한 것을 채우며 독립적인 삶을 살아간다면, 우리가 정말 하나님을 신뢰한다고 말할 수 있는가? 우리는 모든 염려를 그리스도께 던져 버릴 수 있는가? 아니면 만사가 형통하려면 어떤 것은 우리가 염려해야 하는가? 우리의 삶이 너무 각박해지면 우리는 이런 옛날 방식으로 쉽게 되돌아간다. 예수님은 바리새인들에게 이렇게 말씀하셨다. "또 가라사대 너희가 너희 유전(B계획)을 지키려고 하나님의 계명(A계획)을 잘 저버리는도다"(막 7:9).

이렇게 A계획과 B계획을 정하지 않고 오가다 보면 육신에 속한 그리스도인들은 자기 나름으로 불안을 느끼게 된다. 그들이 두 마음을 품게 되면 흥미로운 일이 벌어질 수도 있다. 즉, 두 개의 세상에서 최고를 원하는 육적인 그리스도인은 믿음이 없는 보통 사람보다 더 불안할 수 있다는 사실이다. 보통 사람은 오직 B계획만으로 살기 때문에 한동안은 자신이 속한 세상에서 비교적 불안을 느끼지 못하고 살 수 있다.

여기 교육을 많이 받은 어떤 수학자가 있다. 그는 하나님을 믿지 않기로 했다. 그는 자기 나름으로 합리적인 세계를 형성하였고, 나름으로 자신의 세계를 실명할 수도 있다. 아마도 그는 다른 설명에는 마음의 문을 닫고 있을 것이다. 그는 A계획이 어느 정도 자신을 불안하게 만들기 때문에 좋아하지 않는다. 그는 가족에게 모든 필요를 공급하고 가족의 안전을 위하여 열심히 노력한다. 그는 자신이 이 세상에 존재하는 목적을 생각하지 않으며, 죽음 이후에 대한 질문도 하지 않는다. 그는 스스로에게 신이 된다. 그는 B계획을 따라 잘 살겠지만, 그 결과는 자신이 원하는 것이 아니다. "어떤 길은 사람의 보기에 바르나 필경은 사망의 길이니라"(잠 14:12).

아주 능력 있고 영특하고 부유하고 강한 소수의 사람은 자신이 가진 자원으로 안정을 누릴 수도 있겠지만, 그것도 얼마 동안만이다. 결국 그들도 자신보다 더 탁월한 능력이나 지식, 혹은 재난에 직면하면 두려움과 불안을 느낀다. 그러나 그리스도 안에 살고 있는 그리스도인에게 하나님보다 더 큰 능력이 어디에 있으며, 하나님에게 불가능한 상황이 어디에 있는가?

두려움

살아 있는 모든 생명체는 기본적으로 두려움을 느낀다. 두려움이 없는 동물은 곧 잡아먹히거나, 도로에서 차에 치여 죽을 것이다. 우리는 육체의 안전이나 정신의 평안에 위협을 받을 때 당연히 두려움을 느낀다. 정상적인 두려움은 자연히 터득하게 되며 우리의 생존과 직결되어 있다. 어릴 때 의자에서 떨어지면서 우리는 높은 곳이 위험하다는 것을 배운다. 반면에 비정상적인 두려움은 우리가 올바른 행동을 하지 못하도록 방해한다. 공포증은 비정상적인 두려움으로, 성장 과정의 문제와 하나님에 대한 믿음의 부재를 드러낸다.

두려움은 불안과 다르다. 정당한 두려움은 대상이 있다. 사실 두려움이나 공포증은 그 대상에 따라 분류된다. 몇 가지 공포증을 예를 들면 다음과 같다.

- 고소 공포증acrophobia – 높은 곳에 대한 두려움
- 광장 공포증agoraphobia – 개방된 곳이나 공공장소에 대한 두려움
- 폐소 공포증claustrophobia – 폐쇄된 공간에 대한 두려움
- 다리 건너기 공포증gephyrophobia – 다리를 건너는 것에 대한 두려움
- 피에 대한 공포증hematophobia – 피에 대한 두려움
- 고독 공포증monophobia – 홀로 있는 것에 대한 두려움
- 질병 공포증pathophobia – 질병에 대한 두려움
- 독극물 공포증toxophobia – 독극물에 감염되는 것에 대한 두려움
- 외국인 공포증xenophobia – 낯선 사람이나 외국인에 대한 두려움
- 동물 공포증zoophobia – 동물에 대한 두려움

어떤 대상에 대한 두려움이 정당한 것으로 인정받으려면 두 가지를 갖추어야 한다. 당장 닥칠 것 같은 현재성과 강력한 영향력이

다. 예를 들면, 폐소 공포증으로 고생하는 사람들은 실제로 밀폐된 공간에 갇힐 가능성에 직면하기 전까지는 아무 두려움도 느끼지 않는다. 그러다 그런 가능성이 있다는 생각이 들면 그것만으로도 공포에 휩싸일 수 있다. 어머니의 뱃속은 완진히 차단된 공간으로 안전하기 때문에, 갓 태어난 아기는 폐소 공포증을 느끼지 않는다고 본다. 대부분의 두려움들이 그렇듯이, 밀폐된 공간에 대한 두려움도 다소 후천적으로 습득된 것이다. 그러므로 이런 사람들은 두려워하는 습관을 버릴 필요가 있다.

  나의 장인은 세관 공무원이었는데, 국경 근처에서 예쁜 뱀을 보았다. 그는 아무 두려움 없이 그 뱀을 잡아, 기념으로 항아리에 넣어두었다. 나중에 알고 보니, 그 뱀은 겉으로는 전혀 해롭지 않게 보였지만 산호뱀이라는 가장 위험한 독을 지닌 뱀이었다. 그 사실을 알고서 그는 식은땀을 흘렸다. 그 뱀이 눈앞에 있는 것은 아니었지만, 맨손으로 뱀을 집었던 기억을 떠올릴 때마다 그는 그 일이 지금 막 일어난 것처럼 두려워했다. 우리는 대부분 독사가 무서운 대상인 것을 이미 배워서 알고 있다. 아마 이 글을 읽는 독자는 그런 두려움이 없을 것이다. 뱀은 두려운 대상이지만(강력한 영향력) 지금 뱀이 없으니(현재성) 두렵지 않은 것이다. 그러나 만약 누가 우리 앞에 뱀을 던진다면, 그리고 그 놈이 우리 다리로 기어오른다면 우리는 아마 기절초풍할 것이다. 만약 죽은 뱀을 던졌다면(확실히 죽었다면), 그 놈은 우리를 해칠 능력이 없으니 전혀 놀랄 것이 없다. 당장 앞에 있는 것도 아니고 힘도 없는 대상이라면 두려울 이유가 없다.

대부분 공포증의 뿌리는 죽음이나 사람이나 사단에 대한 두려움에서 기인한다. 예를 들면 죽음에 대한 두려움 때문에 폐소 공포증이 올 수 있다. 성경은 분명히 우리가 이런 것을 두려워할 이유가 없다고 교훈한다. 하나님은 각각의 공포증이 갖는 속성들을 제거하셨기 때문이다. 육체적인 죽음은 현실적으로 항상 가까이에 있지만, 사망의 권세는 이미 깨졌다. 그리스도의 부활로 육신의 죽음은 능력을 상실했다고 바울은 가르친다. "사망이 이김의 삼킨 바 되리라고 기록된 말씀이 응하리라 사망아 너의 이기는 것이 어디 있느냐 사망아 너의 쏘는 것이 어디 있느냐"(고전 15:54-55). 예수님은 "나는 부활이요 생명이니 나를 믿는 자는 죽어도 살겠고 무릇 살아서 나를 믿는 자는 영원히 죽지 아니하리니"(요 11:25-26)라고 말씀하셨다. 다시 말해 영적으로 거듭난 그리스도인들은, 육체는 죽을지라도 영은 영원히 살 것이다. 이런 믿음을 가지고 바울과 모든 거듭난 그리스도인들은 "이는 내게 사는 것이 그리스도니 죽는 것도 유익함이니라"(빌 1:21)고 말할 수 있다. 죽음의 두려움에서 벗어난 우리는 오늘 자유를 누리며 살아간다.

거절에 대한 두려움, 실패에 대한 두려움, 버림받는 것에 대한 두려움, 그리고 죽음에 대한 두려움과 같은 많은 두려움들은 모두 사람에 대한 두려움에 그 뿌리를 두고 있다. 예수님은 "몸은 죽여도 영혼은 능히 죽이지 못하는 자들을 두려워하지 말고 오직 몸과 영혼을 능히 지옥에 멸하시는 자를 두려워하라"(마 10:28)고 가르치셨다. 베드로는 "그러나 의를 위하여 고난을 받으면 복 있는 자니 저희의 두려워함을 두려워 말며 소동치 말고 너희 마음에 그리스도를 주로 삼아 거룩하게 하고 너희 속에 있는 소망에 관한 이유를 묻는 자에게는 대답할 것을 항상 예비하되 온유와 두려움으로"(벧전 3:14-15) 하라고 말했다. 우리가 복음 전도를 가르쳐 보면 이 말씀의 목석이 분명해진다. 그리스도인들이 믿음을 나누지 않는 첫 번째 이유는 사람에 대한 두려움, 더 구체적으로 말하면 거절에 대한 두려움이 있기 때문이다.

위의 두 구절 모두, 우리가 두려워할 분은 하나님이라고 가르친다. 그분의 두 가지 특성이 우리의 삶에서 그분을 두려워해야 할 이유가 된다. 그분은 첫째로 무소부재하시고, 둘째로 전능하시기 때문이다. 하나님께 예배드리는 것은 그의 신성을 인정한다는 의미다. 예배를 드림으로 우리가 얻는 유익은, 우리의 하늘 아버지가 항상 우리와 함께 계시고 우리의 대적보다 강하시다는 것을 마음에 되새기는 데 있다. 하나님 한 분만 두려워한다면, 다른 모든 두려움은 물러간다. 그분은 사단을 포함한 모든 두려운 대상을 제압하는 분이기 때문이다. "근신하라 깨어라 너희 대적 마귀가 우는 사자 같이 두루 다니며 삼킬 자를 찾나니"(벧전 5:8). 아무리 그렇게 해도 사단은 이미 패한 존재다(현재성은 있으나 능력은 없다). 예수님은 마귀의 모든 역사를 멸하려고 오셨다(요일 3:8을 보라). "정사와 권세를 벗어버려 밝히 드러내시고 십자가로 승리하셨느니라"(골 2:15).

우리는 문화적으로 하나님 외에 모든 것을 두려워하게 되었다. 킹콩이나 고질라, 블롭 등의 공포 영화와 함께 정신병적 살인마, 질투에 눈이 먼 연인, 흉악범, 마초맨 같은 전형적인 캐릭터들도 두려움의 대상이다. 또 우리의 문화적 조류는 신비주의와 외계인

납치를 유행처럼 퍼뜨리고 있다. 〈엑소시스트〉라는 영화에서 그 가련한 신부는 귀신들린 소녀에게 상대조차 되지 않는다. 이 얼마나 성경과 모순된 일인가! 우리는 밤에 부딪치는 사람이나 물건을 두려워하는 데 익숙해져 있으면서, 정작 하나님을 두려워할 줄은 모른다. 이것은 하나님을 두려워하라는 성경의 가르침과 정반대다. 사단이 두려운 존재가 되기를 원하는 것은, 그가 우리의 경배를 받고 싶기 때문이다.

능력이나 가치가 우리보다 뛰어난 대상을 우리는 경배한다. 오직 하나님만이 우리의 삶에서 그 탁월성을 갖고 계시기 때문에, 모든 하나님의 자녀는 하나님과 함께 하늘에 앉게 된다(엡 2:6을 보라). 우리는 패배한 이 세상의 신이 아니라 하나님을 두려워해야 한다. 하나님 외의 대상이나 인격을 두려워하는 것은 하나님을 믿는 믿음과 서로 배타적이다. 성경은 "여호와를 경외하는 것이 지혜의 근본이요"(잠 9:10)라고 가르친다. 새뮤얼 존슨Samuel Johnson은 "사람을 두려워할 때 부끄러움이 따르고, 하나님을 두려워할 때 양심이 살아난다"고 말했다.[2] 이사야 8장 12-13절에 기록된 옛 지혜를 읽으라.

> 이 백성이 맹약한 자가 있다 말하여도 너희는 그 모든 말을 따라 맹약한 자가 있다 하지 말며 그들의 두려워하는 것을 너희는 두려워하지 말며 놀라지 말고 만군의 여호와 그를 너희가 거룩하다 하고 그로 너희의 두려워하며 놀랄 자를 삼으라.

《연구》
1. 의심을 하면서 정신적인 갈등을 겪은 일이 있는가?
2. 우리의 정체성과 가치감 때문에 어느 정도로 고민했는가?
3. '불안'이라는 단어의 근본적인 의미는 무엇인가?
4. 왜 우리는 A계획(하나님의 계획)과 B계획 사이에서 갈등하는가?
5. 우리는 두 마음을 가진 상태에서 어떻게 성장해야 하는가?
6. 두려움과 불안은 어떻게 다른가?
7. 어떤 두려움의 대상으로 고민한 적이 있는가?
8. 왜 하나님이 궁극적인 두려움의 대상인가?
9. 왜 우리는 더 이상 죽음이나 사람이나 사단을 두려워할 필요가 없는가?
10. 하나님을 우리의 성소로 삼을 때 무슨 일이 일어나는가?

07 모든 생각을 사로잡아 그리스도께로

| Taking Every Thought Captive |

> 예수님의 임무는 두 가지다. 하나는 마귀와의 싸움이요, 다른 하나는 사람과의 싸움이다. …… 역사를 이해하려는 사람이라면 누구나 마귀의 범주를 파악해야 한다.
>
> 헬무트 틸리케

성경은 하나님의 나라와 어둠의 나라, 그리스도와 적그리스도, 진리의 영과 거짓의 아비, 참 선지자와 거짓 선지자 사이의 계속되는 투쟁을 보여준다. 처음부터 사단은 하나님의 계획을 반대했다. 에덴동산에서 뱀은 하와의 마음에 의심의 씨앗을 심었다. 하와는 속았고 아담은 죄를 지었다(창 3:1-6을 보라).

아담과 하와는 육체와 영이 살아 있는 존재로 창조되었으나, 죄로 말미암아 영이 죽게 되었다. 그 결과 그의 모든 후손은 육체로는 생명을 갖고 태어나지만 영으로는 죽은 채 태어난다(엡 2:1-10을 보라). 우리가 이 세상에 갓 태어났을 때, 우리 삶에는 하나님의 임재도 없었고 하나님의 방법을 아는 지식도 없었기 때문에, 우리는 모두 하나님으로부터 독립된 삶을 스스로 살아가도록 배웠다. 이렇게 배운 독립성은 육신(옛 성품)의 가장 주요한 특성이 되었고, 우리의 생각 속에 자리 잡게 되었다. 회개하기 전의 이런 미움상대와 이로 인한 마음의 전쟁을 바울은 이렇게 설명한다.

우리가 육체에 있어 행하나 육체대로 싸우지 아니하노니 우리의 싸우는 병기는 육체에 속한 것이 아니요 오직 하나님 앞에서 견고한 진을 파하는 강력이라 모든 이론을 파하며 하나님 아는 것을 대적하여 높아진 것을 다 파하고 모든 생각을 사로잡아 그리스도에게 복종케 하니(고후 10:3-5).

"견고한 진"은 우리가 하나님을 떠나 독립적으로 사는 법을 배운 우리의 마음이 어떻게 프로그램되어 있는지를 보여준다. 우리의 세계관은 우리가 자란 환경에 의해 형성되었다. 그리고 우리가 그리스도인이 되었을 때, 아무도 이 세계관에 '삭제' 버튼을 누르지 않았다. 그러므로 우리의 육신적이고 정신적이며 습관적인 오랜 사고방식들은 지워지지 않았다.

우리가 어떤 과정을 통하여 배운 것은, 그 반대 과정을 통하여 잊어야 한다. 우리가 거짓을 믿는다면, 거짓을 등지고 진리를 선택하는 것이 가능하겠는가? 가능하다. 회개란 문자적으로 마음을 바꾼다는 의미다. 바울은 우리가 마음을 새롭게 하여 변화를 받으라고 말한다(롬 12:2을 보라). 우리는 마음속에 그리스도를 소유하고 있기 때문에 마음을 새롭게 할 수 있으며, 성령이 우리를 모든 진리 가운데로 인도하실 것이다. 그러나 우리가 자라온 이 세상의 구조와 하나님으로부터 독립해서 행하는 육신적인 방식만이 성화의 길에 걸림돌이 되는 것은 아니다. 우리는 그리스도 안에서 새로운 피조물이지만, 아직도 세상과 육신과 마귀를 대항해 싸우고 있다. 모든 의심과 과거의 속박을 극복하기 위해서는, 마음의 컴퓨터에 다시 새로운 프로그램을 입력하고 바이러스를 검사해야 한다. 여기 마지막 장에서 우리는 마음의 영적 전쟁을 살펴보려고 한다. 영적 전쟁을 더 깊이 이해하기 원하면 나의 저서 《이제 자유입니다》(죠이선교회 역간)를 참조하기 바란다.

사단의 속임수를 무시하라

사단은 우리 안에 자신의 생각을 심어주어 그 거짓에 따라 우리가 의심하고 하나님의 진리를 거부하도록 만든다. 사단은 우리의 생각을 주관하게 되면 우리의 삶도 주관하게 된다는 사실을 알고 있다. 그래서 바울은 현재시제로 "모든 생각을 사로잡아 그리스도에게 복종케 하니"(고후 10:5)라고 쓰고 있다. 여기에 사용된 "생각"이란 말은 헬라어로 '노에마noema' 인데, 바울이 이 단어를 고린도후서의 다른 곳에서 어떻게 사용했는지를 살펴보면 많은 도움이 된다. '노에마'는 성경에서 6번 사용되었는데, 이 가운데 5번이 고린도후서에서 사용되었다(2:11, 3:14, 4:4, 10:5, 11:3).

교회의 징계를 다룬 후에 바울은 교회에 용서를 가르친다.

너희가 무슨 일이든지 뉘게 용서하면 나도 그리하고 내가 만일 용서한 일이 있으면 용서한 그것은 너희를 위하여 그리스도 앞에서 한 것이니 이는 우리로 사단에게 속지 않게 하려 함이라 우리가 그 궤계noema를 알지 못하는 바가 아니로라(고후 2:10-11).

사단은 용서하지 않는 사람들을 좋은 기회로 이용한다. 그 동안 수천 명을 인도하여 그리스도 안에서 자유를 얻도록 하면서 발견한 사실은, 사람들은 용서하지 않기 때문에 과거의 멍에에 눌려 있고 각종 강박관념에 사로잡혀 산다는 점이었다.

바울은 계속하여 "만일 우리 복음이 가리웠으면 망하는 자들에게 가리운 것이라 그 중에 이 세상 신이 믿지 아니하는 자들의 마음noema을 혼미케 하여 그리스도의 영광의 복음의 광채가 비취지 못하게 함이니 그리스도는 하나님의 형상이니라"(고후 4:3-4)고 말한다. 만일 사단이 불신자들의 마음을 가려 못 보게 한다면, 어떻게 우리는 이 세상을 그리스도께 인도할 수 있는가? 그 해답의 한 부분은 기도이다.[1]

고린도후서에서 바울은 계속 이렇게 기록한다. "뱀이 그 간계로 이와를 미혹케 한 것 같이 너희 마음noema이 그리스도를 향하는 진실함과 깨끗함에서 떠나 부패할까 두려워하노라"(고후 11:3). 거짓은 의심을 일으키고 우리를 패배로 이끈다는 사실을 주의해야 한다.

성경은 사단이 우리의 마음속에 여러 가지 생각을 집어넣을 수 있다고 가르친다. 구약에 보면 "사단이 일어나 이스라엘을 대적하고 다윗을 격동하여 이스라엘을 계수하게 하니라"(대상 21:1)는 구절이 있다. 인구 조사를 하는 것이 왜 잘못인가? 얼마나 많은 군인이 전쟁에 나가야 할지, 다윗이 모르고 있어야 한단 말인가? 여기에 사단의 계략이 보인다. 사단은 다윗이 순전한 마음으로 하나님을 섬기며, 의도적으로 하나님을 대적하지 않을 것을 알고 있었다. 사단의 전략은 다윗이 하나님의 자원을 의지하기보다 자신의 자원을 확신하게 만들자는 것이었다. 그 결과 7만 명의 이스라엘 군인이 다윗의 죄 때문에 죽는 비극이 발생했다.

사단은 어떻게 다윗을 충동질하였는가? 사단이 다윗의 귀에 속삭였는가? 아니다. 사단은 다윗의 마음에 침투하여, 다윗이 사단의 생각을 자신의 생각인 양 착각하게 만들었다. 여기에 속임수가 있다. 속임수란 이런 방식으로 우리 안에 들어와서 이것이 마치 우리 자신의 생각인 양 착각하도록 만든다. 수년 전부터 사람들을 인도하여 그리스도 안에서 자유를 찾도록 도우면서 나는 이 사실을 발견하게 되었다. 마음속의 전쟁은 단순한 '독백' 정도가 아니다. 사람들과 상담하면서 나는 계속해서 사람들이 하나님을 아는 지식에 반대하여 일어나는 각종 불경스러운 생각들과 싸운다는 이야기를 들었다. 이 생각들은 '하나님은 나를 사랑하지 않아. 내가 어떻게 그리스도인이라고 할 수 있어? 나는 좋은 사람이 아니야. 아무도 내게 관심이 없어. 왜 나는 그냥 끝내버리지 못할까?' 와 같은 모순되고 비난하며 의심하는 것들이었다.

유다도 속이는 영에게 마음을 주고 있었다. "마귀가 벌써 시몬의 아들 가룟 유다의 마음에 예수를 팔려는 생각을 넣었더니"(요 13:2). 우리는 이 생각을 육신으로 말미암은 나쁜 결정이었다고 슬

쩍 넘어가고 싶은 유혹을 받겠지만, 성경은 분명히 이 생각의 근원을 사단이라고 밝힌다. 유다가 스스로 무슨 짓을 저질렀는지 깨달았을 때, 그는 자살해 버렸다. 예수님은 우리에게 "도적이 오는 것은 도적질하고 죽이고 멸망시키려는 깃뿐이요"(10:10)라고 경고하셨다.

초대교회 당시, 사단은 아나니아의 마음을 사로잡아 성령을 속이게 만들었다(행 5:3을 보라). 신약학자인 브루스F. F. Bruce는 아나니아가 분명히 신자였다고 말한다.2 에른스트 헨첸Ernst Haenchen은 아나니아가 "유대 그리스도인"이었다고 기록했다. "사단이 그의 마음을 차지했다. 당시 베드로(와 그 공동체)의 마음에는 성령이 충만했는데, 아나니아는 성령을 속였다. 그러므로 이 사건은 두 사람의 대결이 아니라, 그들 안에 있는 성령과 사단의 대결이었고 그들은 도구에 불과했다."3

마르틴 루터는 "마귀는 그 영혼 속에 악한 생각, 곧 하나님을 증오하고, 모독하고, 포기하는 생각을 집어넣는다"고 기록했다. 루터는 자신에 대하여 이런 말을 했다. "내가 밤에 깨어나면 마귀는 나를 기다리고 있다가 나와 논쟁하여 온갖 종류의 이상한 생각들을 하게 만든다. 어떤 때는 사단이 나를 고문하고 괴롭게 하려고 나를 곤한 잠에서 깨운다는 생각도 든다. 나는 낮보다 밤에 싸우는 전쟁이 더 힘들다. 마귀는 어떻게 하면 나를 약 올려서 논쟁하게 만드는지 잘 알고 있다. 어떤 때는 심지어 하나님이 있는지 없는지를 의심하게 만든다."4

토마스 브룩스Thomas Brooks는 사단의 도구를 논하면서, 거듭 사단이 성도들의 마음속에 생각을 집어넣는다고 말한다.5 마귀가 성도들을 침범할 수 없다고 믿는 데이비드 폴리슨David Powlison도 사단이 사람의 마음에 생각을 집어넣을 수 있다고 인정한다.

우리의 마음속에 들리는 '소리'는 드문 현상이 아니다. 모독하고, 조롱하고, 헛된 환상이나 행동에 빠지도록 유혹하며 불신의 말로 속삭인다. 영적인 전쟁에서 이런 것들은 악에서 나온다고 해석한다.6

우리의 마음에서 일어나는 영적 전쟁을 이해하라

나는 수백 명의 사람들을 상담했는데 그들은 여러 가지 생각과 싸우고 있었다. 어떤 이들은 집중하여 성경을 읽는 일에 어려움을 겪는가 하면, 또 다른 이들은 실제로 무슨 음성을 듣거나 비난하고 정죄하는 생각으로 씨름하고 있었다. 거의 예외 없이 그들의 이런 생각들은 마음에서 일어나는 영적 전쟁이었다. 이 사실은 이미 디모데전서 4장 1절에서 경고하고 있기 때문에 전혀 놀라운 일은 아니다. "성령이 밝히 말씀하시기를 후일에 어떤 사람들이 믿음에서 떠나 미혹케 하는 영과 귀신의 가르침을 좇으리라."

그런데 어째서 그리스도 안에 있는 성도들은 이 사실을 알지 못하는가? 그 한 가지 이유는, 다른 사람들이 용기를 내어 말하지 않는 한, 우리는 그들의 마음속에 무슨 일이 일어나고 있는지 전혀 모른다는 데 있다. 많은 경우에 그들이 우리와 이런 마음을 나누지 않는 이유는 이런 사람을 우리 문화에서 쉽게 정신병으로 간주하기 때문이다. 결과적으로 이들은 자신의 부정적인 경험을 나누더라도 반드시 믿을 수 있는 사람에게만 용기를 내어 말한다. 이들은 정신병을 앓고 있는가, 아니면 마음속에 전쟁이 일어나고 있는가? 우리가 사단의 계획을 알지 못하면 우리는 모든 마음의 문제를 화학물질의 불균형이나 육신적 습성이라고 결론 내리게 된다.

심리학자나 정신과 의사들은 무슨 소리를 듣는다는 환자들을 보면, 화학물질의 불균형이라는 진단을 내리는 경우가 흔히 있다. 우리의 몸은 화학물질이 불균형을 이루면 호르몬의 문제가 생겨 고장을 일으킨다. 그렇지만 그들은 다른 문제들도 대답해야 한다. 어떻게 화학물질의 생성이 인격적인 사고를 가능하게 하는가? 그리고 어떻게 신경전달물질이 모르는 사이에 임의로 작용하여, 우리가 생각하는 것과 반대되는 사고를 하도록 만들 수 있는가? 그들은 이런 질문들에 대해 타당한 설명을 할 필요가 있다. 우리는 합리적인 해답과 설명에 마음을 열고 있어야 하겠지만, 영적인 세계의 실제가 고려되지 않는다면 종합적인 답변을 찾기가 힘들 것이다.

뇌는 어떻게 작용하는가

사람들이 무슨 소리를 듣는다고 할 때, 그들이 듣는 것은 실제로 무엇인가? 우리의 귀가 물리적인 소리를 듣는 유일한 방법은 공기의 분자를 진동해서 듣는 소리뿐이다. 음파는 공기라는 물리적 매체를 통하여 고막을 울리고, 그 신호는 뇌에 전달된다. 물리적으로 우리는 이렇게 해서 소리를 듣는다. 그러나 사람들이 씨름하는 생각이나 그들이 듣는 소리는, 주위의 다른 사람들이 듣지 못한다면 물리적인 근원에서 나오는 소리가 아니다.

마찬가지로 다른 사람은 보지 못하는 것을 어떤 사람이 본다고 할 때, 그 사람이 정말로 보는 것은 무엇인가? 우리가 자연스럽게 어떤 것을 보는 유일한 방법은, 어떤 물체에 반사된 빛이 눈에 도달하여 이 신호가 뇌에 전달되는 것이다. 사단과 그 마귀들은 영적인 존재로서 물리적인 요소를 갖고 있지 않다. 그러므로 우리는 영적인 존재를 육체의 눈으로 볼 수도 없고, 귀로 들을 수도 없다.

우리의 씨름은 혈과 육에 대한 것이 아니요 정사와 권세와 이 어두움의 세상 주관자들과 하늘에 있는 악의 영들에게 대함이라(엡 6:12).

뇌와 마음은 근본적으로 다르다. 뇌는 유기체이다. 육체가 죽으면 우리는 몸에서 분리되고, 뇌는 결국 흙으로 되돌아간다. 죽는 순간에 우리는 몸을 떠나 주와 함께 있게 된다. 그러나 우리는 마음과 함께 있을 것인데, 이 마음은 영혼의 일부이기 때문이다.

우리의 사고 능력은 컴퓨터가 작동하는 것과 비슷하다. 두 가지 모두 이렇게 구성되어 있다. (1) 하드웨어(뇌)는 실제로 물리적인 컴퓨터이며, (2) 소프트웨어(마음)는 하드웨어를 움직이는 프로그램이다. 하드웨어에서 소프트웨어를 분리하면, 무게는 똑같다. 마찬가지로 몸에서 영을 분리해도 무게는 똑같다. 소프트웨어가 없다면 하드웨어는 무용지물이 되지만, 하드웨어가 고장 나면 소프트웨어도 작동하지 않는다.

우리가 사는 이 사회는, 뇌에 무슨 잘못이 생기면 하드웨어의 문제라고 생각한다. 그러나 나는 근본적으로 하드웨어의 문제라고 생각하지 않고, 소프트웨어의 문제라고 생각한다. 다운증후군이나 알츠하이머병 같은 유기적인 문제가 생기면 뇌는 제대로 기능하지 않는다. 그러나 뇌가 심하게 손상되는 경우는 비교적 드물고, 그 경우에 우리가 할 수 있는 일은 별로 없다. 로마서 12장 1절과 2절은 뇌를 포함한 우리의 몸을 하나님께 드려, 마음을 새롭게 함으로 변화를 받으라고 권하고 있다.

마음은 어떻게 작용하는가

종합적인 해답을 얻으려면 마음의 영적인 전쟁을 이해할 필요가 있다. 그 이유를 설명해 보자. 놀란 아이가 부모의 방으로 뛰어 들어오면서 무엇을 보았거나 들었다고 하면, 부모들은 대개 아이 방으로 가서 벽장을 열어보거나 침대 밑을 들여다보고서 이렇게 말한다. "아무것도 없네. 염려 말고 다시 자거라." 그러나 만약 성인인 우리가 침실에서 무엇을 보았다면, 그것을 곧 잊어버리고 다시 잠들 수 있겠는가? "하지만 내가 방을 둘러보았는데, 아무것도 없었어요"라고 대답할 것이다. 그 방 안에 우리의 눈으로 볼 수 있는 물리적인 것은 아무것도 없으니까 말이다. "그렇다면 그건 실제가 아니지"라고 회의론자들은 말한다. 그렇지 않다! 그 어린이나 우리가 보고 들은 것은 마음속에서 일어났던 일이며, 그것은 분명한 실제이다.

나는 왜 사람들이 속이는 영에게 관심을 갖는지 설명할 수는 없다. 나는 어떻게 마귀가 그렇게 하는지도 알 수 없으나, 성경이 분명히 가르치는 바를 믿기 위하여 그것을 알 필요는 없다. 마음속의 영적 전쟁은 자연법에 따라 움직이지 않는다. 물리적인 장애가 사단의 움직임을 속박하거나 제한하지 않는다. 그 놀란 어린이의 얼굴은 이 전쟁이 사실임을 증명한다.

오늘날 정신질환으로 진단되는 것 가운데 상당수가 마음의 전쟁으로 드러난다. 잠언 23장 7절은 "대저 그 마음의 생각이 어떠하면 그 위인도 그러하다"고 가르친다. 다른 말로 하면, 우리는 먼저 생각하지 않고는 어떤 행동도 하지 않는다. 모든 행위는 우리가 생각하고 믿기로 결정한 결과다. 우리는 사람들이 무엇을 생각하는지 볼 수 없다. 우리는 단지 그들이 어떻게 행동하는지만 관찰할 수 있다. 우리가 생각하고 믿기로 결정한 것을 바꾸지 않고 행동만 바꾸려는 노력은 아무런 지속적인 결과도 얻지 못한다.

유기적인 정신질환과 마음의 영적인 전쟁을 왜 구별해야 하는지, 다음에 나오는 간증이 잘 보여준다. 내가 어느 환자로부터 받은 이메일이다.

제가 항상 영적인 문제라고 의심은 했으나 확신할 수 없었던 것에서 벗어나도록 인도해 주셔서 진심으로 감사합니다. 제가 십대일 때부터(저는 지금 36세입니다) 제 머릿속에는 이런 '소리'가 들렸습니다. 대충 네 가지 소리인데 어떤 때는 모두 크게 합창하는 것 같았습니다. 텔레비전이나 잡지에서 정신분열증이라는 제목을 볼 때마다 저는 이렇게 생각했습니다. '나는 정신분열증이 아니야. 그럼 내 머

릿속의 이것들은 뭐란 말인가?'

저는 이 소리들에게 고문을 당하고 조롱과 비난을 받았습니다. 제가 하는 생각 하나하나가 모두 형편없는 것으로 평가받았고, 그래서 저는 자존감이 바닥이었습니다. 서는 종종 이 소리가 잠잠하기를 바랐습니다. 그리고 다른 사람들도 이런 경험을 하는지, 또 이런 경우가 흔한지 정말 알고 싶었습니다.

모든 생각을 사로잡아 그리스도께 복종시키라는 말씀을 배우기 시작하면서, 또 저처럼 환청을 듣는 다른 사람들의 경험을 읽으면서 저는 이 소리의 정체를 알게 되었고, 이 소리가 나를 떠나가게 할 수 있었습니다.

이것은 놀랍고도 아름다운 일이었습니다. 저는 오랜 세월 고통을 받아오다가 이제 완전히 마음의 평정을 찾았습니다. 제가 마음의 자유를 찾으면서 일어난 놀라운 일들을 굳이 설명할 필요가 없을 것입니다. 아시다시피 이것은 축복입니다.

바울은 우리에게 하나님의 전신갑주를 입으라고 권한다(엡 6:10-18을 보라). 진리의 띠는 우리를 거짓의 아비로부터 보호한다. 의의 흉배는 우리를 비난하는 형제로부터 보호한다. 바울은 "모든 것 위에 믿음의 방패를 가지고 이로써 능히 악한 자의 모든 화전을 소멸하라"(16절)고 요약한다. '불화살' 또는 '화전'이란 우리가 각자 처리해야 할 것으로, 우리를 유혹하고 비난하며 속이는 생각이다. 건강한 그리스도인들은 진리를 알고 믿기로 선택했기 때문에 이런 것에 마음을 두지 않는다. 그렇지만 만약 우리가 모든 생각을 사로잡아 그리스도께 복종시키지 않으면 어떻게 될까? 이런 생각을 포용한다면, 우리는 속게 되고 우리 마음에 의심이 침투하게 된다.

생각은 어디에서 오는가

우리는 부정적이고 거짓되며 정죄하는 생각이 악에서 나오는지 혹은 육신의 습관에서 나오는지 어떻게 알 수 있는가? 모든 강박관념이 다 사단에게서 나온다고 생각하지는 말라. 지금 우리의 마음 속에 있는 어떤 생각이 텔레비전에서 나왔든, 먼 기억 속에서 나왔든, 상상에서 나왔든, 그 대답이 모두 똑같다는 한 가지 점에서 볼 때, 다를 것이 하나도 없다. 우리는 이 생각을 '모두' 사로잡아 그리스도께 복종시켜야 한다. 우리는 이 진리를 생각하고 믿기로 선택해야 한다. 만약 이것이 진리가 아니라면 믿지 말라. 우리가 어떤 생각을 하나님께 맡기고, 순전한 마음으로 회개하고 마귀를 대적하면, 그 생각은 마음에 남지 않게 된다. 육신의 습관도 남지 않게 되는데, 우리가 마음을 새롭게 할 때 점진적으로 바뀌거나 극복되기 때문이다. 바울은 아무 일에도 염려하지(두 마음을 갖지) 말라고 말한다. 오히려 우리는 하나님을 향하여 기도해야 하고, 그러면 "모든 지각에 뛰어난 하나님의 평강이 그리스도 예수 안에서 너희 마음과 생각을 지키시리라"(빌 4:7). 그 다음 구절은 우리의 마음을 참되고, 경건하고, 정결하고, 옳은 것에 거하게 하라고 교훈한다.

모든 생각이 어디에서 왔는지 분석할 수도 있겠지만, 그런다고 그 생각이 궁지를 벗어나는 것은 아니다. 단지 개인적인 혼란에 사로잡힐 뿐이다. 너무 많은 시간을 들여 분석한 까닭에 마비 상태가 된다. 우리가 강박관념을 갖게 된 이유를 탁월하게 분석했지만, 이것으로 문제가 해결되는 것은 아니다.

정신의 견고한 진은 분석으로가 아니라, 마음을 다시 만드는 것으로 파괴될 수 있다. 우리가 어떤 일을 잘못된 방식으로 하도록 배웠다면, 우리는 그 일을 올바로 하도록 배울 수 있다. 우리가 거짓을 믿었다면, 우리는 그 거짓을 버리고 진리를 믿기로 작정할 수 있다. 그러나 우리의 마음을 새롭게 하고 그리스도 안에서 성숙하려면 남은 생애를 다 드려야 한다. 우리의 마음은 완전히 새로워질 수 없고, 우리 인격은 항상 완전에 이르지 못하지만, 이 길을 가는 것이 우리의 목적이 되어야 한다. 그러나 우리가 전적으로 회개하고 하나님을 믿음으로 개인의 영적인 갈등을 해결하지 않는다면, 성장 과정은 멈추고 말 것이다. 이렇게 사는 사람들은 이 책 저 책을 읽고, 이런 프로그램 저런 프로그램에 참여하며, 이 목사 저 목사와 상담을 해도 아무 효험이 없다. 그들은 과거의 사슬에 매여 있으므로 성장하지 못한다. 그들은 하나님과 해결하지 않은 문제가 있기 때문에 하나님의 은혜를 경험하지 못한다. 그들은 거짓의 아비에게 한눈을 팔며 계속 속고 있다.

전쟁의 승리

우리 마음을 물이 담긴 유리그릇이라고 가정해 보자. 우리는 그 안의 물이 깨끗하기를 원하는데, 불행히도 우리가 커피가루를 좀 넣었다. 일단 커피가 들어가자 물은 어둡고 탁한 색을 띠었다. 그 옆에는 커다란 얼음 그릇이 있는데 이 얼음은 하나님의 말씀에 비유할 수 있다. 우리는 하루에 얼음덩이를 하나나 둘밖에 넣을 수 없기 때문에 이 일은 처음에 부질없는 일로 보인다. 그러나 시간이 흐르면서 물은 조금씩 덜 탁해 보였고 이제는 맛으로나 냄새로나 커피가 들어갔다는 것을 거의 느끼지 못할 정도가 되었다. 우리가 커피를 더 집어넣지만 않는다면, 이 과정은 성공이다.

대부분의 사람들이 마음의 전쟁에서 성공하는 과정은 이와 같다. 우리가 모든 생각을 사로잡아 그리스도께 복종시키는 방법을 배울 때, 처음에는 두 걸음 전진하고 한 걸음 후퇴한다. 그러나 끈질기게 노력하면 세 걸음 전진하고 한 걸음 후퇴하게 된다. 그 다음은 네 걸음 전진에 한 걸음 후퇴, 다섯 걸음 전진에 한 걸음 후퇴, 이런 식으로 발전한다. 우리는 한 걸음 후퇴할 때마다 낙심하지만 하나님은 결코 우리를 포기하지 않으신다. 기억하라, 우리의 죄는 이미 용서 받았다. 우리는 단지 믿음으로, 모든 생각을 사로잡아 그리스도께 복종시키면서 살기만 하면 된다. 이것은 곧, 우리가 진리 외에 다른 것은 생각할 필요가 없다는 의미다.

이 전쟁이 승리할 수 있는 이유는, 우리가 이미 그리스도 안에 생명을 갖고 있으며 죄에 대하여는 죽었기 때문이다. 그리스도는 이미 더 큰 전쟁에서 승리를 거두어 놓았다. 하나님이 우리를 부르신 목적대로 온전한 자유를 누리는 것은 이 세상에서 가장 큰 축복이다. 우리는 이 자유를 위해 싸울 필요가 있다. 하나님의 자녀로서 우리가 누구인지 알고, 마음속의 전쟁이 무엇인지 그 속성을 알게 되면, 목적에 도달하는 과정은 아주 쉬워진다. 드디어 20보 전진하고 1보 후퇴하는 경지, 더 나아가 간혹 실수로 후퇴하는 것 외에는 오직 전진만이 있는 마음의 싸움을 하게 된다.

바울은 이렇게 썼다. "그리스도의 평강이 너희 마음을 주장하게 하라 평강을 위하여 너희가 한 몸으로 부르심을 받았나니 또한 너희는 감사하는 자가 되라"(골 3:15). 어떻게 그리스도의 평강이 우리 마음을 주장하게 하는지 그 다음 절의 설명을 보라. "그리스도의 말씀이 너희 속에 풍성히 거하여"(16절). 우리는 속마음을 수정같이 맑은 하나님의 말씀으로 채워야 한다. 그 외에는 다른 방법이 없다. 나쁜 생각을 하지 않으려고 애쓰는 것으로는 효력이 없다. 강박관념을 꾸짖는다고 해도 소용이 없다. 이것은 칼로 물 베기 같아서 우리 의심을 없애는 데 아무 도움이 되지 않는다. 이는 마치 호수 한가운데서 조그만 뿅망치를 들고 물 위로 떠오르는 12개의 코르크 마개를 계속 물 속에 집어넣으려는 것처럼 부질없는 짓이다. 이것이 만일 지금 우리의 상태라면 어떻게 하겠는가? 헛된 코르크 장난은 단념하고 헤엄쳐서 건너편 육지로 올라가라. 우리는 어둠을 물리치라고 부름을 받은 것이 아니라, 전기를 켜서 불을 밝히라고 부름을 받았다. 우리는 진리를 선택해서 거짓의 아비를 이길 수 있다.

시편 기자는 이렇게 기록했다. "청년이 무엇으로 그 행실을 깨끗케 하리이까 주의 말씀을 따라 삼갈 것이니이다 내가 전심으로 주를 찾았사오니 주의 계명에서 떠나지 말게 하소서 내가 주께 범죄치 아니하려 하여 주의 말씀을 내 마음에 두었나이다"(시 119:9-11). 이 하나님의 평안은 우리가 이해조차 할 수 없는 것으로, 그리스도 예수 안에서 우리 마음과 생각noema을 지키실 것이다(빌 4:7을 보라).

종말로 형제들아 무엇에든지 참되며 무엇에든지 경건하며 무엇에든지 옳으며 무엇에든지 정결하며 무엇에든지 사랑할 만하며 무엇에든지 칭찬할 만하며 무슨 덕이 있든지 무슨 기림이 있든지 이것들을 생각하라 너희는 내게 배우고 받고 듣고 본 바를 행하라 그리하면 평강의 하나님이 너희와 함께 계시리라(빌 4:8-9).

그리스도 안에서 자유를 경험했다면, 우리는 코르크를 무시하고 건너편으로 헤엄쳐 갈 수 있다. 만약 우리가 여러 가지 문제를 해결되지 않은 채 가지고 있다면 우리는 물장구만 치고 있는 것이다. 우리와 하나님의 관계는 인격적이기 때문에 다른 모든 인간관계가 그렇듯이, 관계를 회복하기 위해서는 문제부터 해결해야 한다. 만일 우리가 하나님을 공공연히 대적하고 있다면 하나님의 축복을 누릴 수 없다. "거역하는 것은 사술의 죄와 같고 완고한 것은 사신 우상에게 절하는 죄와 같음이라"(삼상 15:23). 만일 우리가 교만하다면 하나님은 우리를 대적하신다(약 4:6을 보라). 우리가 마음에 쓴 뿌리를 품고 용서하지 않는다면 하나님은 우리를 괴롭히는 자들의 손에 붙이실 것이다(마 18:34을 보라). 하나님은 마음이 상한 자를 고치고 갇힌 자를 자유롭게 하는 분이므로 이런 문제가 먼저 해결되어야 한다.

《연구》
1. 우리의 마음에 있는 견고한 진은 어떻게 구축되었는가?
2. 우리의 마음을 다시 만드는 과정에서, 어떻게 '바이러스'를 검사할 수 있는가?
3. 고린도후서에서 마음 혹은 생각(noema)과 영적인 전쟁이 어떤 연관이 있는지 설명하라.
4. 우리가 하는 생각 가운데 어떤 것들은 속임수라는 사실을 아는 것이 왜 그렇게 중요한가? 이 속임수를 알지 못하면 어떤 잘못된 결론에 이를 수 있는가?
5. 정신질환에 대한 세상의 결론과 영적인 그리스도인들의 이해가 다른 이유는 무엇인가?
6. 왜 우리는 모든 생각을 사로잡아 그리스도께 복종케 해야 하는가? 우리는 어떻게 이것을 행하고 있는가?
7. 어떻게 우리의 마음을 다시 새롭게 만들 수 있는가?
8. 우리는 모든 부정적인 생각을 논쟁하고 꾸짖어야 하는가, 그렇지 않은가? 각각 그 이유를 설명하라.
9. 부정적인 생각들을 잊어버리려고 노력하지만 진정으로 회개하지 않는다면 (다시 말해, 제일 중요한 하나님과의 관계에서 해결되지 않은 문제가 있다면), 무슨 일이 생기는가?

에 필 로 그

지난 15년간 우리 〈그리스도 안의 자유〉 사역은 전 세계 여러 지역의 사람들이 순전한 회개와 하나님을 믿는 믿음을 통하여 그들의 개인적, 영적 갈등을 해결하도록 돕는 일에 힘써왔다. 우리가 사용하는 제자훈련용 교재는 《그리스도 안의 자유에 이르는 단계 The Steps to Freedom in Christ》로, 인터넷 서점이나 우리 단체에서 구입할 수 있다. 이 교재는 스스로 공부하고 사용할 수 있도록 구성되어 있다. 그러나 신실한 목회자나 상담가의 도움이 필요한 사람들도 있다. 이런 단계별 제자훈련에 대하여 더 알기 원하면 닐 앤더슨의 책 《Discipleship Counseling》(Regal Books, 2003)을 읽기 바란다.

   그리스도 안에서 누리는 자유를 찾도록 사람들을 돕는 일은 영적인 실체까지 고려한 총체적인 해답을 요구하는 것으로, 그 과정에는 또한 그리스도와 성령을 올바로 이해하고 의식적으로 개입시키는 것이 필요하다. 하나님은 놀라운 상담자이시며 위대한 의원이시다. 오직 하나님만이 상한 마음을 싸매시며 포로 된 자들을 자유케 하실 수 있다. 그분은 "회개함을 주사 진리를 알게"(딤후 2:25) 하시는 분이다.

여러 교회에서 〈그리스도 안의 자유한 삶〉 수련회를 하면서 제자도 상담과정과 관련하여 연구조사를 실시했다. 조사 대상은 수련회의 메시지를 듣고 좀더 자세한 도움을 요청한 사람들이다. 참가자들은 훈련된 교사들을 통하여 좀더 심화된 상담을 일정 기간 받았다. 상담을 받기 전에 사전 테스트를 하고, 3개월의 상담을 마친 후에 다시 시험을 치렀는데 다음과 같은 결과가 나왔다.

57%는 우울증이 개선되었다.
54%는 불안이 개선되었다.
49%는 두려움이 개선되었다.
55%는 분노에 효험이 있었다.
50%는 고통스런 생각에서 호전을 보였다.
53%는 부정적인 습관에서 호전을 보였다.
56%는 자아상이 개선되었다.

이런 결과를 발표하는 이유는 우리 사역의 신뢰도를 선전하려는 것이 아니다. 이 과정이 그렇게 효과적인 까닭은 우리가 훌륭한 전문 상담기관이라서가 아니다. 사실 이번 연구를 위한 상담은 모두 훈련된 평신도 여러분이 성심껏 해주셨다. 이 과정이 효과를 거두는 이유는, 사람들을 자유롭게 풀어주시는 분이 다름 아닌 주님이시기 때문이다. 그리스도인들은 먼저 개인적 문제와 영적인 갈등을 해결한 다음에야 사랑하는 하늘 아버지와 관계를 맺으며, 성령님은 그들의 영으로 더불어 그들이 하나님의 자녀라는 것을 증거하신다. 독자 여러분도 진정한 회개와 하나님을 믿는 믿음을 통하여 그리스도 안에 있는 자유를 발견할 수 있다. 그렇게 될 때 성경은 살아 움직이기 시작할 것이고, 우리 주님과 구주 예수 그리스도 안에 있는 은혜와 지식에서 자라가게 될 것이다. 좋으신 주님께서 이런 회개의 길로 당신을 인도하시기를 바란다.

교재나 수련회에 대한 문의는,

Freedom in Christ Ministries

9051 Executive Park Drive, Suite 503

Knoxville, Tennessee 37923, U. S. A.

Phone: (865)342-4000

Fax: (865)342-4001

E-mail: info@ficm.org

Website: http://www.ficm.org

주

1장

1. Dale Carnegie — Sherwood Eliot 등저의 *Living Quotations for Christians* (New York: Harper and Row, 1974), p. 65에서 인용.
2. 출처 미상.
3. Neil Anderson, *Victory over the Darkness*, 2nd ed. (Ventura, CA: Regal Books, 2000), pp. 115-117. 《내가 누구인지 이제 알았습니다》(죠이선교회 역간).

2장

1. Adrian Plass, *The Sacred Diary of Adrian Plass* (London: Marshal Morgan and Scott Publications, 1987), pp. 19-23.
2. Dwight L. Moody — Sherwood Eliot 등저의 *Living Quotations for Christians*, p. 76에서 인용.
3. 영적인 기도의 역동성에 대하여 더 읽고 싶으면, Neil

Anderson, *Praying by the Power of the Spirit* (Eugene, OR: Harvest House Publishers, 2003)을 보라.
4. Dr. and Mrs. Howard Taylor, *Hudson Taylor's Spiritual Secret* (Chicago: Moody Press, 1990), pp. 158-164. 《허드슨 테일러의 생애》(생명의말씀사 역간).

3장

1. Victor Frankl - George Sweeting의 *Great Quotes and Illustrations* (Waco, TX: Word Books, 1985), p. 143에서 인용.
2. Martin Luther - Frank Mead의 *The Encyclopedia of Religious Quotations* (Westwood, NJ: Fleming H. Revell, 1965), p. 234에서 인용.

4장

1. Neil Anderson, Hal Baumchen 공저, *Finding Hope Again* (Ventura, CA: Regal Books, 1999), pp. 198-200.

5장

1. Jim Elliot, *The Journals of Jim Elliot* (Grand Rapids, MI: Fleming H. Revell, 1978), p. 174.
2. Bob Moorehead, *Words Aptly Spoken* (n.p.: Overlake Christian

Bookstore, 1995).

6장

1. Lucinda Bassett, *Overcoming Your Anxiety and Fear*. Midwest Center for Stress and Anxiety, Inc., videocassette.
2. Samuel Johnson – George Sweeting의 *Great Quotes and Illustrations* (Waco, TX: Word Books, 1985), p. 115에서 인용.

7장

1. Neil Anderson, *Praying by the Power of the Spirit* (Eugene, OR: Harvest House Publishers, 2003).
2. F. F. Bruce, *Commentary on the Book of Acts* (Grand Rapids, MI: Eerdmans Publishing, 1954), p. 114.
3. Ernst Haenchen, *The Acts of the Apostles* (Philadelphia: Westminster Press, 1971), p. 237.
4. Martin Luther, *Table Talk*, vol. 4 (New Canaan, CT: Keats Publishing, 1979). 《탁상 담화》(크리스챤다이제스트사 역간) – Father Louis Coulange [Joseph Turmel]의 *The Life of the Devil* (London: Alfred A. Knopf, 1929), pp. 147-148에서 인용.
5. Thomas Brooks, *Precious Remedies Against Satan's Devices* (London: The Banner of Truth Trust, 1968), n.p.

6. David Powlison, *Power Encounters: Reclaiming Spiritual Warfare* (Grand Rapids, MI: Baker Book House, 1995), p. 135.《성경이 말하는 영적 전쟁》(생명의 말씀사 역간).

옮긴이 소개

정진환
인하대, 장신대 졸업
외국인 근로자 선교
현대중공업 과장
죠이선교회출판부 편집, 번역위원
「은혜의 각성」, 「새 바람 강한 불길」, 「푸른 믿음」 등 다수의 책 번역

현재
TMS International 대표
www.tmsi.org
서울노회(통합) 전도목사

자기의심을 극복하기 위한
내가 누구인지 이제 알았습니다

초판 발행	2005년 12월 30일
초판 4쇄	2014년 10월 10일
지은이	닐 앤더슨
옮긴이	정진환
발행인	이윤복
발행처	죠이선교회(등록 1980. 3. 8. 제5-75호)
홈페이지	www.joybooks.co.kr
주소	130-861 서울특별시 동대문구 왕산로19바길 33
전화	(출판사역부) 925-0451
	(죠이선교회 본부, 학원사역부, 해외사역부) 929-3652
	(전문사역부) 921-0691
팩스	(02)923-3016
인쇄소	영진문원
판권소유	ⓒ죠이선교회
ISBN	89-421-0215-8 03230

책값은 뒤표지에 있습니다.
잘못된 도서는 교환하여 드립니다.
이 책의 내용을 허락 없이 옮겨 사용할 수 없습니다.